For information contact:
La Guía del Inmigrante, Inc.
129 Melba Rd.
Encinitas, CA 92024

To order books call:
866-767-8977 (U.S.)
01-800-027-4906 (México)

Editor:
Ivonne Saed/isaed@intranet.com.mx

Covers, Book Design & Illustrations:
J. Strimling /www.jstrimling.com

Copyright © 2003 by La Guía del Inmigrante, Inc.
Second Edition: July 2003

All rights reserved. No part of this book may be reproduced or transmitted in any form or by any means, electronic or mechanical, including photocopying, recording, or by any information storage and retrieval system, except for brief review, without the written consent of the publisher.

ISBN 1-9727826-0-6

Printed in the United States of America

¿Y AHORA QUÉ..?®
La guía del® INMIGRANTE

RESPUESTAS LEGALES Y DE INMIGRACIÓN

por:
Elizabeth G. Fautsch y Karen H. Nicholas

Agradecemos la colaboración del licenciado John R. Alcorn y de las licenciadas Claire N. Espina y Patricia Depew.

En especial agradecemos al licenciado Edward Oredain por haber leido, corregido y aumentado la información recopilada en el libro.

¿Y AHORA QUÉ..?®

La guía del® INMIGRANTE

RESPUESTAS LEGALES Y DE INMIGRACIÓN

Edición 2003-2004 ★ California

por:
Elizabeth G. Fautsch y Karen H. Nicholas

Publicado por:
La Guía del Inmigrante, Inc.
Encinitas, California

La Guía del Inmigrante

YA LLEGÓ A LOS ESTADOS UNIDOS, ¿Y AHORA QUÉ...?

¿Ya está en los Estados Unidos y los asuntos legales, de residencia, ciudadanía y todo lo relacionado con visas son todavía un gran misterio?

Esta guía tratará de ayudarlo con un formato de pregunta-respuesta, así como con experiencias de otros latinos que han cruzado por el mismo camino.

Las respuestas son basadas en información proporcionada por abogados y agentes de inmigración, así como recopilada del Servicio de Inmigración (BCIS - nuevas siglas para el Buro de Servicios de Ciudadanía e Inmigración que asumió ciertas funciones del antiguo INS), la Embajada de los Estados Unidos en México y otras organizaciones gubernamentales y sitios en internet sobre inmigración. Las historias son reales y han sido proporcionadas por personas como usted.

Creemos que es muy importante contar con asistencia legal para resolver su situación migratoria. Es por eso que al final del libro incluimos un listado con los datos de organizaciones confiables, bufetes de abogados y abogados independientes, aprobados por el Estado de California. También encontrará una lista de teléfonos y sitios de internet relevantes en donde existe más información y de los que incluso podrá bajar las formas necesarias sin costo alguno.

Recuerde que el hecho de estar en los Estados Unidos no garantiza que usted podrá obtener su residencia. Cada situación es diferente y no todas las situaciones se pueden arreglar. Lamentablemente la inmigración puede ser un proceso imposible de lograr para los casos en que no se cumpla con los requisitos necesarios.

Las leyes de inmigración se encuentran en continuos cambios debido al ataque terrorista del 11 de Septiembre del 2001. Con esto en mente, hicimos lo posible por tener la última información antes de imprimir esta guía 2003-2004.

Con *La guía del inmigrante* esperamos que usted se sienta más seguro de su situación, que entienda sus opciones y no tenga miedo de moverse hacia adelante por no estar informado debidamente. Los abogados y *La guía del inmigrante* estamos para ayudarle.

¿Qué pasó con el INS?

El 1ero de Marzo de 2003, el INS (Servicio de Inmigración y Naturalización) dejó de existir como tal y sus funciones se repartieron entre tres nuevas entidades reunidas bajo el Buro de Seguridad Nacional (Bureau of Homeland Security), creado despues del 11/09/01.

La agencia más involucrada en esta guía es el BCIS (*Bureau of Citizenship and Immigration Services*, Buro de Servicios de Ciudadania e Inmigración). El BCIS tramita todo lo relacionado con visas de inmigración temporales o permanentes, y ciudadanía. Es necesario recalcar que los teléfonos y centros de servicio que se usaban para el INS siguen siendo los mismos. Lo que paulatinamente esta cambiando son los formularios, sitios de internet, y ciertas funciones burocráticas de sus agentes.

El nuevo Buro de Aduana y Protección de la Frontera (*CBP - Bureau of Customs and Border Protection*) incluye las patrullas fronterizas (*Border Patrol*) y asume la vigilancia de todos los puertos de entrada y asegura las fronteras del país.

El Buro de Inmigración y Aduanas (*ICE - Bureau of Immigration and Customs Enforcement*) investiga casos de infracciones de las leyes de inmigración, como por ejemplo tráfico de personas o drogas, casos de fraude migratório, o casos de personas sujetas a remoción que no han abandonado el país.

Índice

1. **Datos importantes sobre los Estados Unidos y sus inmigrantes**   15

2. **Vida como ilegal**   19
   - A. El cruce   21
   - B. Arrestos   22
   - C. Salida Voluntaria   24
   - D. Deportación   25
   - E. Legalización   26
   - F. Educación   28
   - G. Situación en el trabajo   29
   - H. Delitos   30

3. **Visas de no-inmigrante**   33
   - A. Tipos de visa   34
   - B. Visa de negocios (B-1) y visa de turista (B-2)   36
   - C. Visas de trabajo (H)   38
   - D. Visas de estudiante (F) (J) y de intercambio (M)   41
   - E. Otros tipos de visa   45
     - I) LIFE (Acta de Migración Legal Equidad Familiar)   45
     - II) Amnistía tardía   46
     - III) TPS (Santuario de Protección Temporal)   47
   - F. Ley del Castigo   48

4. Visas de inmigración y residencia legal — 51
   A. *Green Card* (Tarjeta de registro de extranjeros) — 52
   B. Patrocinio por familia — 53
      I) *Affidavit of Support* (declaración escrita y jurada de respaldo) — 55
      II) Matrimonios — 58
      III) Violencia doméstica — 62
      IV) Otros casos — 64
   C. Patrocinio por empleo y otras opciones — 66
   D. Lotería de visas — 69
   E. *Advance Parole* (permiso de viaje) y salidas de los Estados Unidos — 71
   F. Complicaciones — 74
   G. Reemplazo de la *Green Card* — *76*

5. Ciudadanía — 81
   A. Requisitos — 82
   B. Pasos a seguir — 83
   C. Costos — 84
   D. La entrevista — 85
   E. Fuerzas armadas — 86
   F. Antecedentes penales — 87
   G. Otros datos — 88

6. Buscando abogados — 91
   A. Contratando un abogado — 94
   B. Alternativas — 96

7. Costos nuevos de los formularios de inmigración — 99

8. Directorio — 103

1. Datos importantes sobre los Estados Unidos y sus inmigrantes

LOS ESTADOS UNIDOS DE NORTEAMÉRICA CONSTITUYEN la nación de mayor poder económico, político y militar del mundo. Por eso y por ser un país donde si se lucha se puede avanzar, mucha gente ve la vida en los Estados Unidos como un sueño a realizar.

A continuación le presentamos algunos datos importantes sobre los Estados Unidos. Es muy probable que le pregunten parte de esta información (resaltada aquí en **negritas**) en el momento en que se haga ciudadano.

Capital: Washington, DC (Distrito de Columbia)
Área total del país: 9'629,091 kilómetros cuadrados (50 estados y el Distrito de Columbia)
Tierra: 9'158,960 kilómetros cuadrados
Agua: 470,131 kilómetros cuadrados
Costa: 19,924 Km
Frontera: México 3,326 Km, Canadá 8,893 Km

Tierra arable: 19%
Población: 275'562,673 (estimado año 2000)
Población Latina 35'000,000
Natalidad: 14.2 nacimientos/1,000 habitantes
Mortalidad: 8.7 muertes/1,000 habitantes
Mortalidad infantil: 6.82 muertes/1,000 nacimientos vivos
Esperanza de vida : Hombres 74.24 años, mujeres 79.9 años
Fertilidad: 2.06 niños nacidos/mujer
Religión: Protestante 56%, católica 28%, judía 2%, otras 4%, ninguna 10% (1989)
Capacidad de leer y escribir: 97% (mayores de 15 años)
Divisiones administrativas: 50 estados y 1 distrito
Independencia: **4 de julio de 1776** (de Gran Bretaña)
PIB per capita: $33,900 (estimado año 1999)
PIB por sector: Agricultura 2%, industria 18%, servicios 80%

Los Estados Unidos de América tienen el nivel más alto de inmigración del mundo.

De 1988 a 1998 más de 10 millones de personas fueron admitidas legalmente a los Estados Unidos. En 1998, 660,477 personas fueron admitidas legalmente; de éstos, 20%, (130,661) provinieron de México, número mayor que el de cualquier otra nación.

Los mexicanos constituyen el 27% de todos los estadounidenses nacidos en el extranjero, por mucho el mayor grupo, ya que los filipinos y los chinos les siguen con cerca de un 4% cada uno. El 32.4% de la población en California es latina o de origen latino.

En los últimos tres años, aproximadamente 900,000 mexicanos establecieron residencia en los Estados Unidos de América, elevando el número de residentes mexicanos a 8 millones (8% de la población total de la República Mexicana). Existen alrededor de 5 a 10 millones de indocumentados mexicanos.

En el año 2000 las representaciones de los Estados Unidos en México procesaron 2'252,594 solicitudes de visa de visitante —un aumento de 37% respecto a 1999.

La frontera entre los Estados Unidos y México es la más transitada del mundo. Se estima que alrededor de un millón de personas cruzan diariamente en ambas direcciones y que 208'932,840 vehículos ingresan a los Estados Unidos provenientes de México.

ESTA INFORMACIÓN FUE RECOPILADA DEL US CENSUS 2000.

2.
Vida como ilegal

Nos cuenta Mónica:
"Decidí venir a los Estados Unidos por primera vez en 1986. Vine con tres amigas desde la Ciudad de México. Mi marido ya estaba aquí desde 1984 trabajando como jardinero. Para pasar encontramos a un 'coyote' en las calles de Tijuana. Los 'coyotes' nos ofrecieron sus servicios y como no sabíamos otra cosa, lo aceptamos. Nos cobró $250 por cada una. Pasamos por un canal de agua cerca de Tijuana y luego por los cerros hasta que llegamos a San Ysidro. En ese entonces era más fácil y no tuvimos problema alguno. Al llegar a los Estados Unidos conseguimos trabajo por medio de otra amiga en Los Angeles. Trabajé con una señora por un año.

"Después del año nos regresamos a México para

ver a nuestros hijos que habíamos dejado allá.

"En 2001 decidimos regresar; esta vez yo no tuve la misma suerte. Iba con mi hija y otra amiga. El primer intento de pasar fue en Sonora. El 'coyote' nos llevó a las 7 personas en un jeep por el desierto por unas 8 horas. A las 4:00 am nos agarró la migra cerca de Arizona y nos mandó para Nogales. Nos preguntaron de dónde éramos, nos advirtieron que no podíamos entrar así al país y que ahora estaba prohibida nuestra entrada por 5 años. Nos detuvieron por 12 horas y luego nos sacaron.

"De Nogales a Tijuana, en un camión mexicano, nos revisaron que no trajéramos papeles falsos y nos hicieron varias preguntas sobre nuestro futuro: a dónde íbamos, qué íbamos a hacer, etc. Ya en Tijuana nos dejaron ir.

"En Tijuana nos quedamos en un hotel muy desagradable donde un 'coyote' nos contactó y nos dijo que lo esperáramos. El hotel estaba horrible y nos fuimos ya que el 'coyote' nos había abandonado por mucho tiempo. Conseguimos otro 'coyote' que nos pasó por la línea en la cajuela de un coche. Ahora estoy trabajando en Los Angeles, mi hija va la escuela para adultos, pero no vamos a poder arreglar nuestros documentos, a menos de que vuelva a pasar otra amnistía.

"Estaba tan nerviosa y estresada por la situación de la migra y por poder pasar a los Estados Unidos que por un año estuve con hemorragias y sintiéndome físicamente mal. Ahora, cuando escucho noticias sobre muertos en el desierto, ilegales que los han cachado y maltratado, me duele la cabeza y me dan pesadillas. Por suerte, a nosotras no nos pasó nada, pero hay muchas historias de mujeres violadas, inclusive por los mismos 'coyotes'. ¡Cuidado amigas!"

A. EL CRUCE
¿Qué me puede pasar si intento ingresar a los Estados Unidos ilegalmente?
Si intenta entrar utilizando documentos falsos o dice ser ciudadano de los Estados Unidos cuando no lo es, pasará a una audiencia de exclusión y puede quedar detenido hasta la audiencia. En este periodo no tiene derecho a libertad bajo fianza. Si no hay cupo en los centros de detención del lugar donde se celebre la audiencia, podría ser transportado a un centro en otra ciudad. El proceso puede durar entre dos días y tres semanas y permanecerá detenido hasta ser 'excluido' y transportado a México, no necesariamente por el mismo lugar por el que entró.

Este proceso queda registrado en su expediente y lo descalifica para recibir una visa o legalizar su situación hasta no pasar 5 años fuera de los Estados Unidos. Cometer de nuevo el mismo delito lo puede descalificar por 20 años y la tercera vez es de por vida.

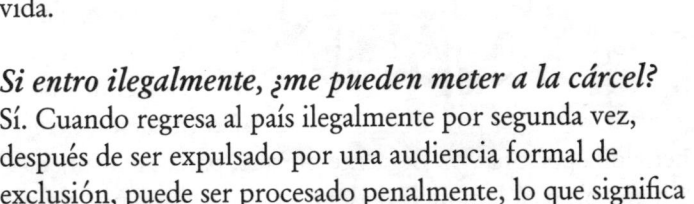

Si entro ilegalmente, ¿me pueden meter a la cárcel?
Sí. Cuando regresa al país ilegalmente por segunda vez, después de ser expulsado por una audiencia formal de exclusión, puede ser procesado penalmente, lo que significa

cumplir una sentencia en la prisión que puede variar entre dos y veinte años.

Si me maltrata un oficial del Servicio de Inmigración, de la Patrulla Fronteriza o de cualquier otra corporación, ¿hay algo que pueda hacer?
Usted y su familia siempre deben ser respetados. Tiene derecho a atención médica, comida cada 6 horas y no le pueden quitar sus objetos personales como lentes, medicinas, joyas u otros sin que le sean regresados al momento de ser puesto en libertad.

Debe denunciar cualquier violación de sus derechos en su consulado o en la representación más cercana de la Secretaría de Relaciones Exteriores en territorio mexicano.

Para evitar que su trato no sea satisfactorio, trate de no llevar con usted armas u objetos que lo parezcan. No eche a correr, no le grite a los oficiales ni les falte al respeto. No resista el arresto.

B. ARRESTOS
¿Pueden arrestar a una persona sin ninguna razón evidente?

Ni la policía ni los agentes de los servicios de inmigración pueden detener a una persona arbitrariamente. Necesitan una razón por la cual sospechar que la persona ha violado la ley. Es una violación a la Constitución detener a una persona simplemente porque 'parece extranjero'. Sin embargo, si la policía detiene a un individuo por alguna violación a la ley —incluyendo las leyes de tránsito— esto puede tener como consecuencia que investiguen su estado legal en los Estados Unidos.

¿Qué sucede si una persona es arrestada y no tiene ningún papel que lo identifique?
Si esa persona está en los Estados Unidos sin autorización del servicio de inmigración (BCIS) puede ser deportado.

Si soy arrestado sin identificación, ¿qué se debe decir a la policía?
En estos casos lo más recomendable es no responder a las preguntas de la policía o del agente del CBP o ICE hasta consultarlo con un asesor legal. En los Estados Unidos de América existe la Ley Miranda, que obliga a la policía a decirle sus derechos, entre los que se incluye permanecer callado y obtener asistencia legal.

¿Puede un arrestado obtener un abogado para su defensa?
El derecho constitucional de obtener un abogado sólo aplica para residentes legales, no para indocumentados. Sin embargo, hay organizaciones, algunas religiosas, sin fines de lucro, que representan gratuitamente a las personas necesitadas. Tanto el CBP como la Corte de Inmigración están obligados a dar a los detenidos los nombres y números telefónicos de estas organizaciones. Algunos de estos contactos los hemos incluido en el directorio, al final de esta guía.

¿Se puede salir del arresto con fianza?
Sí, pero las leyes de inmigración limitan este derecho únicamente a personas que no tengan antecedentes penales.

Si estoy detenido por los servicios de inmigración en el interior del país, ¿qué derechos tengo?
En caso de ser detenido en el interior de los Estados

Unidos, ya sea en el trabajo, en la carretera, en el tren o el autobús, o en las instalaciones de revisión alejadas de la frontera, tiene usted los siguientes derechos:

a) Comunicarse con su consulado.

b) Que le informen en dónde se encuentra y le permitan comunicarse con sus familiares o personas de su confianza.

c) Llamar a un abogado.

d) No dar información alguna sobre su nacionalidad o calidad migratoria. La única información que está obligado a proporcionar es su nombre. Es importante que no dé un nombre falso para que su familia pueda localizarlo.

e) Al momento de la detención o posteriormente, en la audiencia de deportación, puede pedir su salida voluntaria del país.

C. SALIDA VOLUNTARIA

¿Qué significa pedir una salida voluntaria?

Es una manera de no ser deportado. Esto quiere decir que no va a tener antecedente de deportación en su expediente, pero también es posible que sí se registre antecedente de su salida voluntaria. La excepción de este derecho es que si usted ha sido detenido con anterioridad por su situación migratoria, la salida voluntaria podría serle negada.

¿Cuánto tiempo tengo para salir voluntariamente del país?

La ley limita el término que el juez puede otorgarle para efectuar la salida voluntaria a un máximo de 120 días.

Si mi cónyuge es ciudadano de los Estados Unidos, ¿vale la pena pedir la salida voluntaria?

No. Tampoco cuando están sus documentos migratorios en trámite, cuando su cónyuge es residente o cuando tiene algún documento legítimo que ampara su estancia en los Estados Unidos, como amnistía o unidad familiar, y su caso aún no se ha resuelto.

D. DEPORTACIÓN
¿Cuándo vale la pena pedir una audiencia de deportación?
El Consulado de México en San Diego dice que sólo cuando está seguro de que tiene beneficios de inmigración y su caso está en trámite. Si no, tal vez no sea conveniente solicitar una audiencia ante el juez, ya que lo más probable es que éste ordenará su salida del país y las consecuencias negativas a futuro son más graves que las de la salida voluntaria.

Si decide solicitar una audiencia de deportación, en donde el juez escucha su caso, a fin de evitar quedar detenido mientras se celebra la audiencia, puede solicitar a la autoridad migratoria que considere la posibilidad de su libertad bajo fianza.

¿Cuánto cuesta la fianza?
La fianza mínima de acuerdo con la ley es de $1,500. Pero si tiene antecedentes penales es poco probable que le otorguen libertad bajo fianza. Si es madre o padre de hijos menores y no existe quien los cuide, tiene derecho a que no lo separen de ellos. Si éste es su caso, comuníquelo al oficial y/o a su consulado.

¿Me pueden sacar del país sin una audiencia?
Anteriormente todos tenían derecho a una audiencia, pero ahora existe una nueva regla llamada 'remoción sumaria' mediante la cual puede ser expulsado del país sin pasar por una audiencia de deportación. El Servicio de Inmigración ha informado que

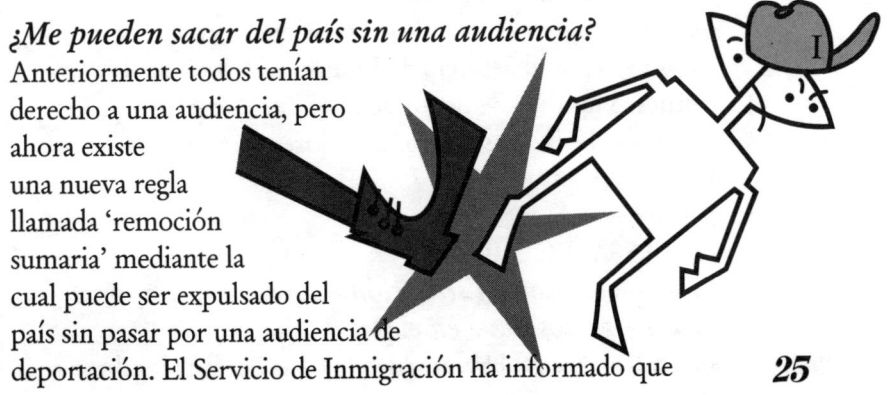

la 'remoción sumaria' se aplicará solamente en puertos de entrada (frontera y aeropuertos).

Si no puedo legalizar mi situación, ¿existe alguna manera de cancelar mi deportación?
Este proceso se llama 'cancelación de remoción'. Para dicho beneficio tiene que comprobar:

    a) Tener un mínimo de 10 años de residencia continua en los Estados Unidos.
    b) Demostrar buen carácter moral
    c) Que su deportación provocaría dificultades sumamente graves y repentinas para su cónyuge o hijos, siendo requisito que éstos tengan la nacionalidad norteamericana o residencia legal. La nueva ley limita el número de tales casos a 4,000 por año, cuota que incluye a inmigrantes de todas las nacionalidades.

¿Vale la pena pedir una 'cancelación de remoción' aunque no me hayan detenido?
No. Una 'cancelación de remoción' debe solicitarse ante un juez de inmigración en un juicio de deportación. Algunos notarios públicos, asesores de inmigración o abogados sin escrúpulos pueden aconsejarle que se entregue al Servicio de Inmigración, pero si el juez no aprueba su solicitud, como sucede en la gran mayoría de los casos, puede resultar deportado.

    Sólo es recomendable solicitarlo en caso de ser detenido por el Servicio de Inmigración o ya en el proceso jurídico de deportación y esto, siempre y cuando compruebe los dos puntos anteriores.

E. LEGALIZACIÓN
Para legalizar mi situación migratoria, ¿importa cuántos años lleve en el país?
Actualmente no hay ninguna ley que permita legalizar su

situación migratoria por el puro hecho de tener muchos años residiendo como indocumentado en los Estados Unidos.

He estado en los Estados Unidos como indocumentado. ¿Cómo puede afectar esto a mi solicitud para legalizar mi situación?

La Secretaria de Relaciones Exteriores explica que de acuerdo con la ley, si se encuentra en una de las siguientes situaciones, no podrá calificar para una visa de residente legal:

a) El juez migratorio ordenó su deportación.

b) Lo citaron para una audiencia ante el juez migratorio y no acudió.

c) Si permanece en este país sin documentos o autorización entre 180 días y un año, puede ser descalificado para recibir una visa de inmigrante hasta no abandonar los Estados Unidos durante 3 años.

d) Si permanece en este país sin documentos o autorización un año o más, puede ser descalificado para recibir una visa de inmigrante hasta abandonar los Estados Unidos durante 10 años.

e) Si lo arrestaron y solicitó salida voluntaria y no abandonó el territorio norteamericano dentro del término que le otorgaron, puede ser descalificado para recibir una visa de inmigrante hasta no pasar 10 años fuera de los Estados Unidos.

f) Si le aplican el nuevo procedimiento de exclusión por intentar entrar a los Estados Unidos con

¡AGUAS!
Los mexicanos pueden obtener la "matrícula consular" como identificación para abrir cuentas bancarias, aun siendo ilegales. Si tiene alguna duda consulte el consulado de su ciudad.

documentos fraudulentos, de otra persona o diciendo ser ciudadano del país cuando no lo es, puede ser descalificado para recibir una visa de inmigrante hasta no pasar 5 años fuera de los Estados Unidos.

En todos los casos, le recomendamos consultar a un abogado especializado en derecho migratorio antes de presentar su solicitud.

F. EDUCACIÓN

¿Qué es el Acta de Desarrollo, Ayuda y Educación (DREAM)?

El Acta "DREAM" representa un esfuerzo para ayudar a los estudiantes indocumentados graduados de la preparatoria, que han demostrado buen carácter moral.

Es una ayuda para que los estudiantes no paguen por la situación legal de los padres. Con esta Acta, el estudiante puede realizar su sueño de poder seguir estudiando en los Estados Unidos, sin las barreras de ser ilegal. Todavia el congreso federal no ha aprobado el Acta DREAM.

¿Existe alguna ayuda gubernamental para estudiar en la universidad siendo indocumentado?

En California existe una ley del estado (AB-540) que permite a graduados indocumentados asistir a universidades y colegios públicos pagando las tarifas de residente, generalmente 5 ó 10 veces menores que las tarifas de no residentes.

Para más información sobre esta ley y una lista de becas que no requieren un número de seguro social, puede consultar el siguiente sitio de internet de MALDEF (Fondo Mexico-Americano de Educación y Defensa Legal - Mexican-American Legal Defense and Education Fund): http://www.maldef.org/education/scholarships.htm o hablar al teléfono 213-629-2512.

G. SITUACIÓN EN EL TRABAJO
¿Puedo reclamar mi situación en el trabajo aun siendo ilegal?
Sí. La División de Salarios y Horas (WHD) hace cumplir los apartados respecto a salario mínimo, horas extras y explotación de menores de la Ley de Condiciones Justas de Trabajo sin importar la situación legal de los trabajadores. Aparte, el Departamento del Trabajo continúa participando activamente en la Fuerza de Trabajo contra la Explotación de los Trabajadores (WETF), establecida para coordinar la persecución legal de la explotación de trabajadores y los trabajos forzados.

¿Cómo puedo reclamar mi situación en el trabajo?
Si usted piensa que ha recibido un trato diferente por parte de su empleador, contacte a su oficina regional del OSHA inmediatamente (encontrará la información en el directorio al final de esta guía). La mayor parte de las quejas de discriminación queda cubierta por la OSHA, ley que le otorga únicamente 30 días para notificar un caso de discriminación.

Puede presentar su demanda por teléfono, por fax o por correo. OSHA realiza entrevistas completas con cada demandante con el fin de determinar si una investigación es necesaria. Si existen pruebas que apoyen la demanda del trabajador por discriminación, OSHA pedirá al empleador que restituya en su puesto al trabajador con todas sus ganancias y beneficios. Si el empleador objeta, OSHA puede solicitar la participación de los tribunales con el fin de compensar al trabajador.

H. DELITOS

¿Qué pasa si cometo un delito?
Cometer un delito es muy grave para cualquier persona, pero aun más no siendo ciudadano, ya que lo pueden deportar y puede perder la oportunidad de legalizar su situación.

¿Existen diferentes tipos de delito?
El IIRAIRA —*Illegal Immigration Reform and Immigrant Responsibility Act* (Reforma de Inmigración Ilegal y Acta de Responsabilidad del Inmigrante)— expandió ampliamente la definición de 'delito agravante'. Un inmigrante convicto de un crimen definido por las leyes de inmigración como un 'delito agravante' es deportable. Además, inmigrantes convictos de un 'delito agravante' no son elegibles para alivio de deportación.

Cuando el concepto de 'delito agravante' fue introducido por primera vez en 1988 solamente los delitos de asesinato, tráfico de drogas y armas de fuego entraban en esta categoría. A la fecha, sin embargo, la definición de 'delito agravante' ha sido expandida significativamente. Bajo el IIRAIRA, crímenes menores como robar constituyen ahora 'delito agravante' y cualquier crimen que resulta en una sentencia de un año o más de carcel es considerado deportable. En California por robar $400 o menos, la sentencia puede ser de un año. Además, la nueva definición expandida es retroactiva. Esto significa que un inmigrante legal hoy puede ser procesado para su deportación por una ofensa cometida 25 años atrás y por la que no había sido castigado entonces por el sistema criminal legal, ya que en su momento no era una ofensa que merecía la deportación, es decir, que en ese tiempo no era considerada 'delito agravante'. Además, inmigrantes que 25 años atrás cometieron 'delitos agravantes' ahora ya no tienen alivio de deportación.

OS CUENTA RAFAEL:

¡AGUAS!

Intentar ingresar sin documentos de viaje honestamente obtenidos y legalmente expedidos es ilegal. Se aplican penas administrativas y criminales a personas que:

- Intenten ingresar a o salir de los Estados Unidos con documentos fraudulentos.
- Intenten ingresar o ingresen a los Estados Unidos sin documentos o sin inspección.
- Se pasen del tiempo de estancia autorizado en sus documentos de viaje.
- Trabajen en los Estados Unidos sin autorización del INS.
- Ayuden a otros a entrar ilegalmente a los Estados Unidos, a quedarse en los Estados Unidos o a obtener empleo no autorizado en los Estados Unidos.

La Embajada de los Estados Unidos en México advierte: "intentar entrar sin inspección, cruzando nuestra frontera común, no sólo es ilegal, sino extremadamente peligroso. Estos peligros surgen no sólo de los elementos naturales (congelación de miembros o hipotermia debido al frío, deshidratación causada por intentar cruzar en el calor extremo del desierto o en los compartimentos sellados que usan los 'polleros' y otros peligros del desierto y riesgos de los ríos), sino también de los 'coyotes' mismos y otros contrabandistas que atacan al mismo objeto de su contrabando. Vemos a los heridos cuando los vehículos de los contrabandistas se estrellan; vemos a los que han muerto de frío en las montañas y de calor en los desiertos, y sabemos que no valió la pena ni para ellos ni para sus familias."

En 2002 hubo un promedio de un muerto al día en la frontera.

3. Visas de no-inmigrante

N "Llegué a los Estados Unidos del Perú. Un amigo me recomendó un notario para que me ayudara con una petición por asilo. Él hablaba español y parecía conocer muy bien todo lo relacionado con inmigración y el llenado de las formas necesarias. Confiaba en él, por lo que firmé todos los documentos que me daba y le pagué. Recibí papeles para trabajar, pero varios meses después mi caso apareció ante el tribunal de inmigración. El notario me mandó al tribunal donde me esperaba mi 'abogado', un señor a quien jamás había visto en mi vida. Entramos ante el juez, pero como el abogado no sabía nada de mi situación, tuve yo que explicarle mi caso al juez. Resultó que la petición que el notario había llenado era inadmisible. El juez inició un acta de deportación. Perdí mucho dinero y la posibilidad de vivir legalmente en los Estados Unidos por muchos años. De haberlo sabido, habría optado por otro camino."

¿Cuál es la diferencia entre una visa de inmigrante y una visa de no-inmigrante?
La visa de inmigrante es una visa otorgada a personas que desean vivir permanentemente en los Estados Unidos. Una visa de no-inmigrante, es una visa para las personas que residen en otro país y desean entrar a los Estados Unidos por una temporada, ya sea por turismo, tratamientos médicos, negocios, trabajo temporal o estudios.

A. TIPOS DE VISA
¿Cuáles son las opciones de visas para no-inmigrantes?

	Uso o destino	Duración
B-1	*Negocios*	Entradas múltiples por 10 años, con un máximo de un año por entrada. Su vigencia puede ser renovada.
B-2	*Turista o Asuntos médicos*	Entradas múltiples por 10 años, con un máximo de un año por entrada. Su vigencia puede ser renovada.
F-1	*Estudiante*	El tiempo de duración es el necesario para completar los estudios por el cual la persona es admitida. La persona tiene que estar inscrita en la escuela mientras dure la visa.

Visas de no-inmigrante

H-1C	*Trabajo (o de profesionistas)*	Dura 3 años y puede ser renovada por otros 3 años.
H-IC	*Enfermeras*	Otorgada por un máximo de 3 años, sin posibilidad de renovación.
H-2A	*Trabajo agrícola temporal*	Duración hasta un año, y puede ser prorrogada hasta un total de 3 años.
H-2B	*Trabajo no agrícola temporal*	Duración hasta un año, y puede ser prorrogada hasta un total de 3 años.
H-3	*Personas en capacitación no académica y ciertos intercambios*	Duración hasta 2 años sin posibilidad de prorrogarse.
E-1 E-2	*Inversionistas*	Entrada inicial por 2 años. Puede ser renovada por otros 2. La persona debe invertir de $500,000 a $1'000,000 en un negocio y dar empleo a por lo menos 10 norteamericanos.
K-1 K-2	*Novios de ciudadanos y sus hijos menores*	Vigencia de 4 meses, válido por una sola entrada. El matrimonio debe ocurrir en los 90 días despues de la entrada.
K-3 K-4	*Cónyuges de ciudadanos y sus hijos menores*	Sirve para entradas multiples durante dos años. Se puede obtener permiso de trabajo.

Uso o destino		Duración
L-1	Ejecutivos	Permite que ejecutivos permanezcan en el país por un periodo inicial de 3 años renovable hasta un máximo de 7 años.
O	Personas con habilidad extraordinaria	El tiempo de duración es el necesario para completar el evento por el cual la persona es admitida, 3 años máximo.
P	Atletas o artistas	Tiene una duración de hasta 5 años dependiendo del tiempo que la persona invierte para cumplir con sus compromisos artísticos o deportivos.
Q	Visitantes de intercambio cultural	Su duración puede ser hasta de 15 meses, contados desde el día en que es otorgada.
R	Trabajadores religiosos	El tiempo de permanencia para el destinatario puede ser de hasta 5 años.

B. VISA DE NEGOCIOS (B-1) Y VISA DE TURISTA (B-2)

¿Cuál es la visa más sencilla de conseguir para que venga a visitarnos un pariente?

La visa más sencilla es la de turista o asuntos médicos, la visa B-2. Esta visa se emite para entradas únicas o múltiples y puede ser prorrogada. Al entrar, el usuario puede permanecer de 1 a 6 meses, dependiendo del criterio del oficial del servicio de inmigración. Es necesario que la persona que esté interesada en recibir esta visa, vaya al consulado o embajada americana de su país, donde tendrá que llenar la forma y presentar su pasaporte vigente. Al cruzar la frontera le entregarán la tarjeta I-94 que tiene un costo de $6. Esta tarjeta es la constancia de entrada y salida a los Estados Unidos. No olvide solicitarla si se interna a más de 25 millas de la frontera.

¿Cómo puedo obtener una visa de turista o de negocios?

Debe aplicar en el consulado o embajada de los Estados Unidos en su país. No es necesario que se contacte al servicio de inmigración para este proceso.

Para obtener las visas B-1 (negocios) o B-2 (turista) se necesita demostrar 5 requerimientos generales:

- Está entrando a los Estados Unidos por un tiempo limitado.
- Está dispuesto a salir de los Estados Unidos a la expiración de su permiso de estadía (I-94).
- Mientras está en los Estados Unidos tiene que mantener una residencia en su país, el cual no tiene intención de abandonar.
- Tiene una cantidad adecuada de dinero para el viaje y su estadía en los Estados Unidos hasta su regreso.
- Realizará solamente actividades legítimas en relación a negocios o turismo.

Por actividades de negocios se entienden las relacionadas a transacciones comerciales que no involucren la generación de un empleo, la participación en convenciones científicas, educacionales, profesionales, religiosas o de negocios (pueden recibir honorarios y dinero para gastos); trabajadores religiosos que vienen temporalmente como misioneros; ejecutivos que asisten a un seminario, entre otros.

Entre lo que se consideran actividades de placer se cuenta el turismo, visita a familiares o amigos, asuntos de salud, asistencia a eventos, etc.

¿Cuánto dura la visa de turista y la de negocios?

Generalmente estas visas se obtienen por 10 años. Esto no significa que puede quedarse en los Estados Unidos por ese tiempo, sino que no tendrá que renovarla cuando quiera regresar. El tiempo de estadía en los Estados Unidos puede ser hasta de 30 días y se puede pedir una extensión por otros 30 días. El número de veces que puede entrar a los Estados Unidos es ilimitado.

Con estos tipos de visa usted no está autorizado a trabajar en los Estados Unidos. El tiempo promedio que este tramite toma es de aproximadamente 60 días para que el gobierno conteste a su aplicación.

C. VISAS DE TRABAJO (H)

¿Qué tipos de visa de trabajo existen?

Para venir a trabajar en una compañía americana, generalmente el empleador tiene que patrocinarlo con una visa de categoría H. El empleador a su vez, tiene que demostrar que no existe un ciudadano americano que puede realizar ese empleo. Existen cuotas anuales para cada categoría.

¿Cuál es la diferencia entre los diferentes tipos de visa H?

La visa H-1B es para profesionistas y es necesario que la persona tenga estudios universitarios o su equivalente en experiencia laboral. Puede ser obtenida por un periodo de 3 años y prorrogada por otros 3.

La visa H-1C es para personas capacitadas como enfermeras y tiene también una duración de 3 años, pero no puede ser renovada.

Las visas H-2 son otorgadas sin la necesidad de estudios superiores, generalmente para trabajos temporales. El empleador define el periodo de la visa cuando hace la petición al gobierno con un máximo de 1 año, pero pueden ser prorrogadas hasta 3 años. La H-2A es otorgada para trabajos en el ámbito de la agricultura; la H-2B es para trabajos no agrícolas como hotelería, cocina, jardinería.

La visa H-3 es para personas en capacitación no académica (industria, telecomunicaciones, transportación, etc.) y para personas que vienen en un intercambio académico para estudiar sobre niños incapacitados. Tiene una duración máxima de 2 años sin posibilidad de prorrogarse.

¿Cuál es el trámite para una visa H-1B?

Se necesita tener un título universitario o su equivalente. Si se tiene título universitario de los Estados Unidos, éste es suficiente para pasar a la siguiente fase.

Si el solicitante tiene título universitario de una universidad extranjera, se requiere que el mismo sea declarado equivalente a un título de una universidad de los Estados Unidos.

Si el solicitante no tiene título universitario, puede elaborar una equivalencia a título universitario de los Estados Unidos, en base a un mínimo de 12 años de experiencia laboral o combinación del mismo número de años de estudios universitarios superiores y experiencia laboral.

El Departamento de

Trabajo tiene que certificar que el puesto de trabajo para el que se requiere a la persona para quien se solicita la visa H-1B es un puesto de especialidad. Ellos también determinan el salario para este puesto.

Una vez obtenida la equivalencia a título universitario y la certificación por el Departamento de Trabajo, estos documentos, junto con la solicitud de visa H-1B se envían al Servicio de Inmigración.

¿Cuál es la lista de los documentos?

a) Copia del pasaporte del solicitante.
b) Copia del título universitario, junto con el certificado de asignaturas y notas (*transcripts*). Si no tiene título universitario, cartas de empresas para las que ha trabajado el solicitante con el siguiente formato: carta en papel membretado de la empresa, dirigida 'A quien pueda interesar', detallando:
    i) Posición ocupada en la empresa (por ejemplo, director de ventas).
    ii) Años que trabajó en la empresa (por ejemplo, de 1990 a 2000).
    iii) Descripción de la actividad de la empresa.
    iv) Descripción de las funciones del empleado.
c) La carta debe ir firmada por el director o jefe de departamento.
d) Si la persona solicitante reside legalmente en los Estados Unidos: copia de su I-94 y/o copia de su *Practical Training* si está en esta condición en los Estados Unidos.

¿Qué infomación debe dar la empresa patrocinadora?

a) Nombre, dirección, teléfono y fax de la empresa.
b) Fecha de constitución y número de identificación fiscal.
c) Número de trabajadores.
d) Ingresos brutos anuales.

e) Descripción del servicio de la empresa.
f) Posición laboral ofrecida.
g) Salario ofrecido.
h) Nombre y cargo de la persona que firma la solicitud de visa por parte de la empresa.

¿Cuál es la visa que obtiene un familiar de un H-1B?

Los acompañantes del solicitante (esposa y/o hijos/as menores de 21 años) recibirán visas de acompañante H-4, que les permiten residir y/o estudiar en los Estados Unidos pero no trabajar.

Para solicitar visas de acompañantes se requiere:
a) Fotografía tipo pasaporte de cada acompañante.
b) Copia de todas las páginas del pasaporte del acompañante.

¿Puedo extender por más de 6 años mi permiso de trabajo (visa H-1B)?

El presidente Bush firmó el 2 de noviembre de 2002 una ley que permite a las personas con visa H-1B extender su estadía en los Estados Unidos por más de 6 años, siempre y cuando estén en espera de una respuesta de aplicación para *Green Card*, ya sea del Departamento de Trabajo o de Inmigración y esta aplicación haya sido enviada más de 365 días antes del vencimiento de los 6 años. Cada extensión suplementaria es por un año.

¡AGUAS!

No pierda la forma I-94 que le es emitida al entrar al país. El reemplazo tiene un costo de $100.

D. VISAS DE ESTUDIANTE (F) (J) Y DE INTERCAMBIO (M)

¿Puedo venir a estudiar a los Estados Unidos?

Si usted ha sido aceptado en una universidad o en un programa de intercambio en los Estados Unidos usted puede aplicar para una de las visas para estudiantes. Las visas F-1, J y M duran mientras el usuario se encuentra matriculado.

Es importante tomar en cuenta que a partir de enero de 2003, entra en vigor la ley 'SEVIS' *(Student and Exchange Visitor Information System)*, la que hace obligatoria la transmisión electrónica vía internet al ICE y al Departamento del Estado de las listas de todos los estudiantes extranjeros. Este flujo de información durará todo el tiempo que el estudiante se encuentre en los Estados Unidos.

Por lo tanto, todos los solicitantes de visa de estudiante y de intercambio deben completar una nueva forma, la DS-158, además de la solicitud de visa. Deben también solicitar a su institución patrocinadora que confirme electrónicamente al Departamento de Estado que el solicitante ha sido aceptado en la escuela o programa de intercambio. Dicha confirmación es adicional a la forma I-20 ó DS-2019. ¡Sin esta confirmación electrónica, el consulado no le va expedir su visa! Verifique con su institución patrocinadora antes de venir al consulado para su cita.

¿Puede estudiar primaria o secundaria mi hijo aunque no sea ciudadano o residente?

A partir del 29 de noviembre de 1996 los extranjeros ya no tienen derecho de usar visas de estudiantes no-inmigrantes (F-1) para asistir durante más de 12 meses a escuelas públicas primarias o secundarias o a programas de educación para adultos financiados con fondos públicos. Los extranjeros que obtengan la visa F-1 para asistir a la escuela secundaria pública durante un máximo de 12 meses deben reembolsar al sistema escolar público. Los extranjeros que violen estos nuevos términos de la visa F-1 son inadmisibles durante 5 años. Estas nuevas restricciones no se aplican a las escuelas privadas o a otras

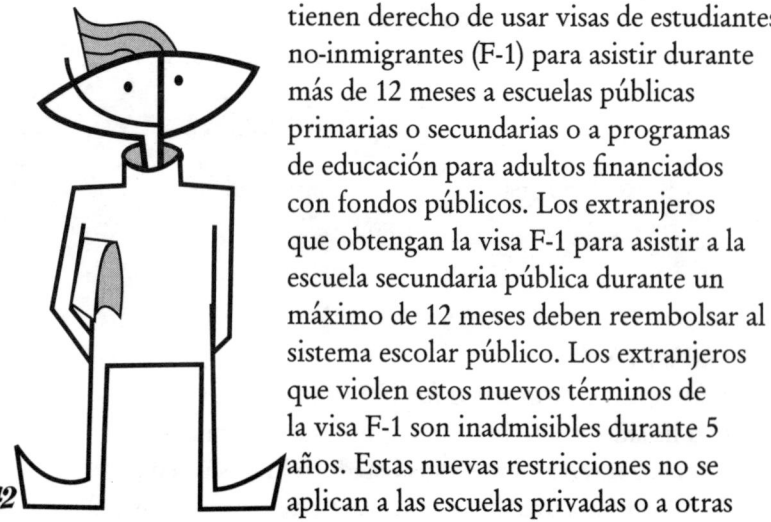

clasificaciones de visas.

Si vivimos en la frontera, ¿puedo mandar a mis hijos a estudiar a los Estados Unidos?

Sí. Pero a partir de enero de 2003 sólo pueden asistir a clases con un pasaporte y una nueva visa que aprobó el Congreso estadounidense. También tendrá que demostrar que el estudiante está de tiempo completo.

Los estudiantes mexicanos y canadienses podrán asistir a escuelas que se encuentran autorizadas por el BCIS y que se ubican hasta un máximo de 100 kilómetros desde la línea fronteriza.

Los estudiantes requerirán de una visa de no-inmigrante en la categoría F-1 ó M-1, además de un Certificado de Elegibilidad I-20 que proporcionará la escuela una vez que se haya completado la inscripción de los alumnos.

Con las nuevas visas los estudiantes transfronterizos podrán ser monitoreados por el SEVIS.

¿Qué implica tener una Visa J-1?

Muchas personas que están terminando programas de doctorado o maestría en los Estados Unidos con la visa de visitante de intercambio J-1 son sujetos a un requisito de permanecer 2 años en su país para poder obtener después la residencia. Esto significa que antes de que el poseedor de una visa J-1 pueda obtener algunas otras visas (H-1B o L-1) o la residencia permanente en los Estados Unidos, se requiere que el individuo regrese a su país de origen por dos años. Existen ciertos casos en que se puede renunciar a este requisito.

¿Qué sucede si prefiero quedarme en los Estados Unidos?

Existen varias opciones disponibles para aplicar para una renuncia:

    a) Cuando su país de origen afirma que no tiene objeción en que usted no retorne y le elabora una

'Declaración de No Objeción'.
b) Cuando una agencia gubernamental de los Estados Unidos recomienda que usted reciba una renuncia por el interés nacional de los Estados Unidos.
c) Si usted puede demostrar que sufrirá persecución en su país de origen.
d) Si su salida causará dificultad a su esposo(a), o hijos(as), siendo éstos ciudadanos americanos.

¡AGUAS!

Los estudiantes (visas F y J) necesitan obtener un I-20 nuevo antes del 1º de Agosto 2003. (Si tiene una visa M, el documento correspondiente es el DS-2019). Este documento comprueba su matriculación y le permite salir y entrar de los Estados Unidos como estudiante.

¿Cuáles entidades americanas son consideradas de interés nacional?

Los Departamentos de Educación, Defensa, Salud y Servicios Humanitarios, Agricultura, la Comisión *Appalachian Regional*, el Departamento de Asuntos para Veteranos o la Fundación Nacional de Ciencia. Existen otras también, dependiendo del tipo de trabajo que usted esté haciendo.

También el Departamento de Salud y Servicios Humanitarios aceptará aplicaciones de organizaciones no gubernamentales a su favor, si usted se encuentra tabajando en un campo relacionado con la salud. Su renuncia tendrá más opciones de ser aprobada si puede demostrar que la contribución a su programa o actividad es significantiva o única en su naturaleza.

E. OTROS TIPOS DE VISA
¿Existe algun beneficio por el hecho de que México pertenezca al Tratado de Libre Comercio?
Sí. Gracias al Tratado de Libre Comercio se generó la visa TN. La categoría de 'Profesionales Cobijados por el Tratado de Libre Comercio de Norteamérica' está disponible solamente para ciudadanos de México y Canadá. De acuerdo al Tratado de Libre Comercio de Norteamérica, también conocido como NAFTA por sus siglas en inglés, un ciudadano de un país NAFTA puede trabajar en otro país NAFTA siempre y cuando:

    a) La profesión se encuentre en la lista de NAFTA.
    b) El extranjero posea el criterio específico para esa profesión.
    c) El puesto requiera de alguien con la capacidad profesional del extranjero.
    d) El extranjero vaya a trabajar para un empleador estadounidense.

El esposo(a) y los hijos solteros menores de edad del extranjero tienen derecho al estado derivado (*Derivative Status*, visa TD), pero no pueden aceptar empleo en los Estados Unidos. Los extranjeros que ingresen al país bajo esta clasificación son considerados no-inmigrantes.

I. LIFE (ACTA DE MIGRACIÓN LEGAL EQUIDAD FAMILIAR)
¿Qué es el Acta de Migración Legal Equidad Familiar (LIFE)?
El 21 de Diciembre de 2000, el ex-presidente Clinton firmó como ley una legislación conocida como el Acta de Migración Legal Equidad Familiar (LIFE). La idea era apoyar la unificación de familias, facilitando el ajuste de estatus migratorio de miembros que vivían en los Estados Unidos pero se encontraban fuera de estatus.

    Las dos provisiones que tuvieron el mayor interés fueron la Sección 245i (Ajuste de Estatus y Penalidad) y la Sección 1104, *Life Legalization*, que tiene que ver con una 'amnistía tardía', relacionado a tres casos legales de los años ochenta.

Aunque la ley prometía mucho, nunca fue implementada por completo. Debido a los ataques terroristas del 11 de septiembre, muchas de las provisiones aún no están elaboradas.

¿Existe alguna manera de aprovechar todavía la 245i?

La 245i fue una estrecha ventana de oportunidad que terminó en abril de 2001. Sólo si usted ha estado físicamente presente en los Estados Unidos antes del 21 de diciembre del año 2000, fecha de promulgación de la 245i, y califica para su ajuste migratorio al de residente permanente sin ser elegible para ajustar su estatus en parte por una violación a su estado migratorio en este país, lo puede hacer con sólo pagar una multa de $1,000 y continuar con el proceso mientras permanece en el país.

Para poder ser elegible para la provisión de la 245i de ajuste bajo el acta de LIFE, la persona debe ser beneficiario de una petición migratoria (formulario I-130) o tener una aplicación certificada por el Departamento de Trabajo (formulario I-140) que se han sometido antes de la fecha límite del 30 de abril de 2001.

II. Amnistia Tardía

Mi padre sometió documentación para participar en la demanda de clase en uno de los casos CSS, LULAC, Zambrano. ¿Cómo nos afecta la Sección 1104 de LIFE?

La Sección 1104, (*Life Legalization*) permite a personas que sometieron documentación para participar en las demandas de clase, llamado colectivamente *CSS, LULAC, Zambrano*, antes del 10 de octubre de 2000, solicitar un ajuste de estatus a residencia permanente. Estos tres casos resultaron en una 'amnistía tardía' que permite beneficiarse retroactivamente de la amnistía de 1982 a personas que estaban en los Estados Unidos durante un cierto periodo en los años ochenta.

La fecha límite para someter una petición bajo la 1104 fué el 4 de junio de 2003.

¿Existe la posibilidad de otra amnistía?
La presión del voto Latino en los Estados Unidos es muy importante y cada día va creciendo. Por esta razón siempre existe la posibilidad de que el gobierno vuelva a pasar una amnistía, aunque no sea en un futuro cercano. Siempre es importante estar prevenido y tener preparados los documentos requeridos que demuestran su presencia constante en los Estados Unidos como recibos, formas de impuestos y comprobantes de domicilio.

Una muestra de los documentos requeridos en la 'amnistía tardía' son:
- Copias de los formularios de impuestos federales.
- Licencia de conducir.
- Formularios W-2 o 1099 de los empleadores, etc.

Prueba de identidad, como por ejemplo:
- Partida o certificado de nacimiento.
- Fe o certificado de bautismo.
- Pasaporte.

III. TPS (SANTUARIO DE PROTECCIÓN TEMPORAL)

¿Qué es el Santuario de Protección Temporal (TPS)?
Generalmente el TPS es otorgado a ciudadanos de países que han sufrido un desastre natural o un conflicto armado y les es imposible regresar a su país. La persona que tiene TPS no puede ser deportado durante el plazo otorgado por el gobierno de los Estados Unidos.

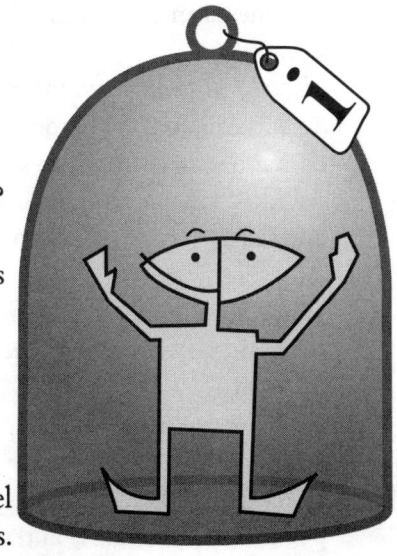

Esta protección incluye a las personas que tienen órdenes de deportación.

¿Cuál es el estatus del TPS para Nicaragua, Honduras y El Salvador?

El TPS de El Salvador se venció en julio de 2003. El de Nicaragua y Honduras se prolongó hasta Enero de 2005.

F. LEY DEL CASTIGO

¿Qué sucede si entro con una visa de no-inmigrante y me quedo más tiempo de lo permitido?

De acuerdo con informes proporcionados por el Departamento de Estado y el BCIS de los Estados Unidos, los castigos que se aplican a aquellas personas que violan el tiempo de estadía permitido a través de una visa, son los siguientes:

- 3 años de exclusión (sin la posibilidad de conseguir una visa) para aquellos que ingresaron al país con visa y se quedaron por espacio de seis meses a un año de manera ilegal.
- 10 años de exclusión (sin la posibilidad de conseguir una visa) para aquellos que ingresaron con una visa y se quedaron por espacio de un año o más de manera ilegal.

¿Existe alguna solución para la 'Ley del Castigo'?

Se debe obtener un perdón (*waiver*) de esta sanción, basándose en el hecho de sufrimiento y extrema penuria debido a la separación de un individuo que sí es ciudadano americano o residente permanente legal.

¿Qué pasa si he estado en los Estados Unidos sin permiso por un año y quiero salir a visitar a mi familia?

Una vez que usted sale del país, aunque sea voluntariamente y sin decirle al gobierno, entra en efecto la 'Ley del Castigo' y tiene prohibida la entrada al país por 10 años. Si regresa ántes de los 10 años y el gobierno se entera de su salida, se arriesga a que jamás pueda arreglar legalmente su situación en los Estados Unidos.

¿Qué hago si mi I-94 (Tarjeta de Control de Salida) o I-444 (Permiso Fronterizo para Visitantes Mexicanos) no fue entregado/recogido cuando salí de los Estados Unidos?
Escriba al reverso de la forma I-94 o I-444 la fecha, aeropuerto y número de vuelo que utilizó para salir de los Estados Unidos o la fecha y puerto terrestre por el que salió y llévela a la embajada o consulado americano para ser entregada al BCIS. Si prefiere, también puede enviar la forma por correo al BCIS.

4.
Visas de inmigración y residencia legal

Nos cuenta Carmen:

"Soy de nacionalidad mexi-cana. El año pasado me casé con John de nacionalidad americana. Él es miembro de la Marina Estadounidense. Hace unos meses llamaron a mi marido para ir al Golfo Pérsico en barco. Por cosas de decidia y sin pensar en las consecuencias, nunca solicitamos mis papeles de residencia. Ahora mi marido ya no está conmigo y como no llevamos más de dos años de casados no puedo aplicar para la residencia por mí misma.

"Por esta situación no puedo salir de los Estados Unidos ya que no podría reingresar ya que mi situación legal no está arreglada.

"Lo peor es que tengo miedo de que le pase

algo a mi marido, me quede sola y me cueste trabajo arreglar mi situación legal.

"Habría podido evitar esta situación si hubiéramos aplicado en cuanto nos casamos. Les recomiendo que arreglen sus papeles en cuanto puedan".

A. *GREEN CARD* (TARJETA DE REGISTRO DE EXTRANJEROS)

¿Qué es exactamente la **Green Card***?*

Dejó de ser *green* (verde) desde hace mucho tiempo, pero la 'Tarjeta de Registro de Extranjeros', comúnmente conocida como *Green Card*, permite a una persona que no es ciudadana de los Estados Unidos, vivir y trabajar permanentemente en este país. También se conoce como la forma I-551.

¿Qué derechos me otorga la **Green Card***?*

Una *Green Card* le da el derecho de vivir y trabajar legal y permanentemente en los Estados Unidos, así como de entrar y salir del país libremente. Con la *Green Card* usted también recibe derechos de salud, educación y otros beneficios, además de poder patrocinar a sus parientes para que ellos también puedan obtener su residencia permanente. La *Green Card* no afecta su ciudadanía actual. Si usted obtiene una *Green Card*, podrá más adelante solicitar la ciudadanía de los Estados Unidos.

¿Cómo puede un extranjero conseguir su Green Card?

Para convertirse en un residente legal, usted primero tiene que ser admitido como inmigrante. Hay dos maneras comunes para obtener una visa de inmigrante:
> a) Si usted tiene un familiar que sea ciudadano americano o residente legal. (Más rápido si es ciudadano)
> b) Por medio de un negocio que esté dispuesto a patrocinarlo.

Teniendo una visa de no-inmigrante, ¿es posible aplicar para una Green Card dentro de los Estados Unidos?

Las visas de no-inmigrante son expedidas solamente después de que se ha comprobado que su intención no es quedarse dentro de los Estados Unidos más tiempo del que ha sido aprobado. Si usted aplica por una *Green Card*, teniendo una visa de no-inmigrante, la visa que usted posee puede ser suspendida, a menos que usted pueda demostrar que su intención no era quedarse en el momento en que aplicó para la visa que ya tiene.

Las excepciones a esta regla incluyen: si usted posee un empleo con una visa de no-inmigrante y un empleador hace la petición por usted o si se casa con un ciudadano o residente americano.

B. PATROCINIO POR FAMILIA

¿Cuáles son las opciones de un patrocinio por un familiar?

Las relaciones familiares que permiten peticiones de inmigración, sin periodo de espera (pariente inmediato), son:
- Un ciudadano(a) puede pedir su esposo(a).
- El hijo(a) ciudadano mayor de 21 años puede pedir

a sus padres.
- Un padre ciudadano puede pedir a sus hijos(as) menores de 21 años.

Algunos otros parientes pueden también proveer esta solicitud, pero hay periodos de espera en los que, en algunos casos, pueden ser de varios años. Los parientes quienes pueden patrocinar, sujetos a un periodo de espera (petición preferencial), son:
- Un ciudadano puede pedir a un hijo(a) adulto mayor de 21 años.
- Un residente permanente (poseedor de la *Green Card*) puede pedir a su esposo(a) o hijo(a) soltero(a).
- Un ciudadano puede pedir su hermano(a).

El periodo de espera para cualquiera de estas tres categorías es al menos de 2 años. La categoría entre hermanos tarda aún más, actualmente unos 10 a 15 años. También depende de la cuota por pais. Los países que mayor visas requieren, la espera es más larga. Es importante entender que tíos, primos y abuelos no pueden ser nunca solicitantes. Ni tampoco es posible para un ciudadano menor de 21 años, nacido en los Estados Unidos, solicitar a sus padres.

¿Qué es exactamente la forma I-130?

La petición que inicia la mayoría de casos de immigración por familia es la forma I-130. A menos que el solicitante esté viviendo fuera de los Estados Unidos, la petición debe someterse a una oficina local o a un centro regional del INS.

La I-130 tiene como objetivo establecer que el sujeto de la petición es el pariente calificado de un patrocinador calificado. Si la petición es para alguien que califica bajo el sistema de 'preferencias', la fecha en que la petición se presentó se llama la fecha de prioridad (*Priority Date*), y marca oficialmente el inicio del periodo de espera para su *Green Card*.

Sin embargo, la presentación de su I-130 es sólo un

primer paso y no le da derecho a permanecer o trabajar en los Estados Unidos. Para obtener su *Green Card*, la I-130 debe ser aprobada y su *Priority Date* debe ser actual. Sólo en el caso de matrimonio con un ciudadano, los dos pasos se cumplen al mismo tiempo.

I. AFFIDAVIT OF SUPPORT
¿Qué es un **Affidavit of Support** *(declaración escrita y jurada de respaldo)*?
Si quiere traer a un pariente a vivir permanentemente en los Estados Unidos, debe aceptar una responsabilidad legal para el soporte financiero de ese familiar. Usted acepta esa responsabilidad y se convierte en el patrocinador o *sponsor* de su pariente al firmar el documento llamado *Affidavit of Support*. Este documento es válido hasta que su pariente sea un ciudadano americano o durante un periodo de alrededor de 10 años.

¿Para quién es requerido un **Affidavit of Support**?
Debe completar y presentar una declaración escrita y jurada de respaldo (formulario I-864 del INS) si usted trae a un pariente a los Estados Unidos. Esto quiere decir que ha llenado el formulario I-130 para petición de parientes extranjeros o el formulario I-600 para petición de un huérfano como pariente inmediato. Los parientes que incluyen son: padres, cónyuges e hijos solteros menores de 21 años, incluyendo huérfanos y parientes que califican dentro

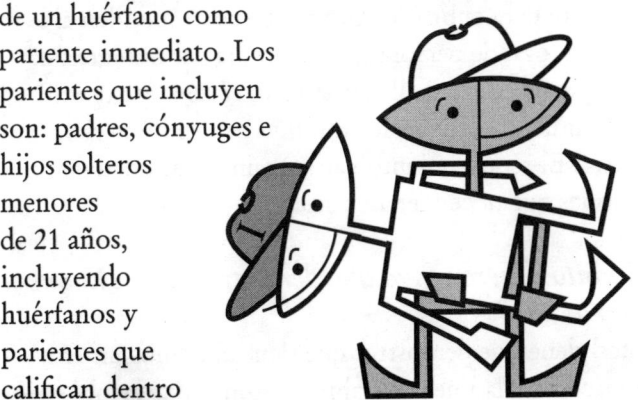

de una de las preferencias familiares:
- Primera preferencia: hijos solteros mayores de 21 años de ciudadanos americanos.
- Segunda preferencia: a) cónyuges de residentes permanentes legales y sus hijos solteros menores de edad; b) hijos solteros mayores de 21 años de residentes permanentes legales.
- Tercera preferencia: hijos casados de ciudadanos americanos, incluyendo a su pareja y a sus hijos solteros menores de edad.
- Cuarta preferencia: hermanos de ciudadanos mayores de 21 años, incluyendo sus cónyuges e hijos solteros menores de edad.

Si quiero patrocinar a un familiar por medio de la forma I-864, ¿qué es lo principal que requiere de mí el gobierno?

Ya que se estableció el parentesco con su familiar y es factible que lo pida, tiene que demostrar solvencia económica suficiente para mantener al patrocinado en los Estados Unidos sin que se convierta en carga pública.

Tiene que firmar la forma I-864 en donde se compromete a apoyar económicamente y a reembolsar al gobierno en el caso de que a su familiar le otorguen algún tipo de asistencia pública (*welfare*). El pariente que firma dicho documento debe contar con un ingreso suficiente para cubrir los gastos que corresponden al número total de personas en la familia del inmigrante. Para que usted pueda llenar la forma I-864, existe un requerimiento de ingresos mínimo que impone el Estado. El requerimiento varía según la cantidad de personas que dependen de usted.

¿Cuánto dinero tengo que demostrar al BCIS que gano al año?

Usted tiene que demostrar que tiene al menos un 25% de más sobre la línea de pobreza. Aquí tiene la tabla que presenta el BCIS en 2003.

Tamaño del hogar del patrocinador	100% pauta de pobreza	125% pauta de pobreza
2	12,120	15.150
3	15,260	19,075
4	18,400	23,000
5	21,540	26,925
6	24,680	30,850
7	27,820	34,775
8	30,960	38,700
9 o más	Tiene que añadir $3,140 por persona adicional	Tiene que añadir $3,925 por persona adicional

Usted puede sumar a su ingreso anual dinero de su cuenta de ahorros, bonos del ahorro, inversiones y propiedades. Para calcular cuánto necesita en bienes, debe restar su ingreso anual del requerimiento mínimo (el 125% de la línea de pobreza, según el tamaño de su familia), después debe probar que el valor de sus bienes es 5 veces la diferencia de la resta.

Por ejemplo:

Familia de 4 personas:	$23,000
Ingreso del patrocinador	$18,000
Diferencia	$5,000
Multiplicada por 5	x 5
Lo que se tiene que demostrar en bienes	$25,000

También puede contar con el ingreso de los miembros de su hogar, quienes están relacionados con usted por nacimiento, matrimonio o adopción. Para usar ese ingreso tiene que listarlos como dependientes en su declaración de impuestos más reciente. También tienen que haber vivido con usted por más de 6 meses y es necesario que llenen una forma I-864, que es un contrato entre el patrocinador y el miembro del hogar.

Asimismo, puede incluir los bienes de la persona a la cual usted está patrocinando dentro de su forma.

II. Matrimonios
¿Qué pasa si me caso con un residente legal en los Estados Unidos?
Esto va a depender de su situación migratoria. Si usted esta en los Estados Unidos ilegalmente no existe manera de arreglar su situación. Primero tendrá que salir del país. Ya fuera de los Estados Unidos, su cónyuge puede pedirlo a usted con una forma I-130. Este proceso puede

tomar unos 5 años. Sería más rápido que su cónyugue se vuelva ciudadano en cuanto pueda, así lo puede pedir inmediatamente (siempre y cuando no tenga que cumplir con la "ley del castigo").

Si usted esta legalmente en el país, con una visa de no-inmigrante (como por ejemplo H-1, F-1) debe tratar de mantener esa visa hasta que le concedan la *Green Card*.

Recuerde que en el momento que usted se queda sin un estatus legal por más de 180 días, arriesga no poder ajustar su estatus al de residente permanente. Esta es una circunstancia donde es muy aconsejable consultar a un abogado de inmigración. El le podrá sugerir que debe hacer.

¿Quiénes son elegibles para aplicar por la visa V, para cónyugues e hijos de residentes legales?

Esta visa sólo se puede pedir si metió sus papeles (la I-130) antes del 21 de diciembre de 2000. Si ése es su caso:
- Se debe llenar un formulario I-539 y el anexo A (solicitud para extender o cambiar la condición de no-inmigrante).
- Toma de huellas digitales, formulario FD-258 (a menos que se solicite una excepción).
- Entregar el formulario I-693 (examen médico), que debe ser llenado por un médico cirujano con el anexo de vacunas.
- Para obtener el permiso de trabajo que le corresponde con esta visa, es preciso hacerlo por medio del formulario I-765.

¿Qué sucede si soy residente y mi esposo(a) vive en el extranjero?

Al pedir a su pareja con un I-130, el Departamento del Estado (consulado o embajada de Estados Unidos en su país) no le va a otorgar ninguna otra visa a su cónyugue hasta que le den la residencia. Por lo tanto van a estar separados hasta que usted se vuelva ciudadano o le den la residencia.

Sin embargo, si ustedes estaban casados cuando usted recibió su *Green Card*, y su esposa estaba fuera de los Estados Unidos, puede aplicar por ella si recibió su *Green Card* de la siguiente manera:

Visa por medio de trabajo
Visa por medio de hermano(a) ciudadano(a)
Visa por medio de padres ciudadanos

Soy ciudadano(a) de los Estados Unidos y deseo casarme con una(un) mexicana(o). ¿Cuál es la manera más rápida para que ella/él entre a los Estados Unidos?

En el caso que usted esté comprometido(a) para casarse,

la manera más rápida para que su prometida(o) entre a los Estados Unidos es mediante una petición de prometida(o) (forma I-129F) y visa K1, la cual puede solicitar en cualquiera de los cuatro centros de servicio del BCIS en los Estados Unidos.

Si ya han contraído matrimonio, la forma I-130 puede ser presentada en cualquiera de los cuatro centros de servicio del BCIS. Si su intención es residir permanentemente en los Estados Unidos, es muy importante que su futura(o) cónyuge no intente entrar con una visa B-1 ó B-2 (de turista o negocios). Intentar hacer eso puede provocar que lo rechacen cuando intente entrar al país y sea regresada(o) en el siguiente vuelo disponible. Existe la opción de pedir una visa K3 para cónyuges de ciudadanos. Esta visa solo se puede solicitar cuando una petición I-130 ya está en tramite. La principal ventaja es que su esposo(a) puede entrar a los Estados Unidos y solicitar un permiso de trabajo mientras espera su *Green Card.*

¿Puedo pedir a mi esposo(a) si tengo solamente la residencia?

Sí puede meter los papeles, pero su petición puede tomar hasta 5 años. Recomendamos que antes se vuelva ciudadano para hacer más rápido el procedimiento.

Soy viuda de un ciudadano americano pero siempre hemos vivido en el extranjero. ¿Puedo solicitar la residencia?

Sí. Personas extranjeras viudas(os) de ciudadanos americanos que estuvieron más de dos años casados se pueden autopedir para residencia usando la forma I-360. La petición debe ser sometida dentro de los dos años posteriores a la muerte del ciudadano; pero si usted se ha vuelto a casar, no tiene derecho a pedirse como viuda. Sin embargo, una vez que tiene la *Green Card,* puede casarse y pedir a su esposo bajo la segunda preferencia.

¿Qué puedo esperar de la entrevista para obtener la Green Card por medio de matrimonio?

Para ir preparados a la entrevista usted necesita ir con su pareja, y si tienen hijos también es conveniente llevarlos. Tiene que llevar originales de las actas de nacimiento de usted y de su cónyuge. También el original de su certificado de matrimonio, su pasaporte y todo documento donde aparezcan sus nombres, por ejemplo recibos del banco donde tienen una cuenta juntos, recibo de luz, recibo de la renta, etc. Su cónyuge necesita llevar copias de los últimos 3 años del pago de sus impuestos.

El agente del BCIS les hará preguntas para asegurarse de que su matrimonio es válido. Para esto es bueno llevar fotos de la boda, de la luna de miel, o de toda la familia junta.

En general, el agente revisa los papeles que trajeron y hace muy pocas preguntas. Al final del proceso le estampan su pasaporte y le dan su número de residente legal.

Su *Green Card* tardará en llegarle de 2 a 3 meses.

¿Cómo remuevo el estatus condicional de mi Green Card?

El estatus condicional se lo dan si lleva menos de 2 años casado el día de su entrevista. Esto lo hacen para verificar que su matrimonio no fue sólo para conseguir sus papeles.

La *Green Card* que recibirá tendrá una validez de 2 años. Noventa días antes del vencimiento de su *Green Card* condicional, debe aplicar con la forma I-751 para obtener su *Green Card* permanente, forma que el cónyugue ciudadano tambien debe firmar.

Nos estamos divorciando antes de los dos años condicionales. ¿Me puedo autopedir?

Si, la misma forma I-751 permite autopedirse, pero solo

si puede demostrar que se casó de buena fé y que ya esta finalizado el proceso de divorcio o anulación. Si todavía esta en el proceso, no se puede autopedir.

Si vence su *Green Card* condicional y esta sujeto a remoción, puede pedir una continuación al juez de inmigración hasta que se finalice el divorcio, y le será emitida una *Green Card* temporaria.

¿Qué pasa si me atraso en aplicar por el cambio de estatus condicional?
Su estado como residente legal inmediatamente será suspendido. Esto hará que el BCIS empiece procesos para su deportación. Primero le mandarán una carta donde le dirán que no aplicó para cambiar su estatus condicional y luego le mandarán otra carta citándolo para una audiencia donde usted es responsable de probar que ha cumplido con la ley.

¿Qué pasa si tengo que cambiarme de ciudad antes de que me llegue la cita de la entrevista?
El BCIS exige que usted viva en el área de servicio en donde se vaya a realizar su entrevista. Así que le recomendamos cambiar sus papeles al BCIS correspondiente de la ciudad a la que se va a mudar. Esto le va a traer retrasos en el proceso.

III. Violencia Doméstica
¿Qué pasa si una persona es abusada por su familiar americano y todavía no arregla su situación legal?
Generalmente, para el proceso de inmigración, un familiar ciudadano aplica una petición de visa para su cónyuge e hijos, de manera que ellos puedan emigrar o

Visas de inmigración y residencia legal

seguir viviendo en los Estados Unidos.

El ciudadano tiene el control de cuándo se pide a las personas. Desafortunadamente, algunos peticionarios abusan de su poder y dañan a sus familiares. La mayoría de los inmigrantes que son víctimas de abusos por su familiar tienen miedo de delatarlos a las autoridades porque temen perder su oportunidad de emigrar o seguir viviendo en los Estados Unidos. USTED SÍ PUEDE EMIGRAR SIN ELLOS.

Bajo el Acta de Violencia contra Mujeres (VAWA), las esposas o esposos y los hijos de ciudadanos americanos o residentes legales tienen derecho de auto-pedirse para obtener residencia legal en los Estados Unidos (forma I-360). El acta también permite en ciertos casos aplicar para asistencia de inmigración sin que el ciudadano se entere. Así, quienes sufrieron de abuso, podrán independizarse y seguir con los procesos legales sin involucrar al familiar ciudadano. **No se divorcie o firme ningun documento hasta que usted haya hecho la petición y haya consultado con su abogado.**

Puede llamar al servicio de Violencia Doméstica al 800-799-7233, en donde le proporcionarán información sobre albergues, consejos legales y de inmigración, salud mental y otros tipos de asistencia.

Si he sido víctima de violencia, ¿qué debo presentar para aplicar por mi cuenta?

Usted puede aplicar sola sin vivir con la persona que abusó de usted si es capaz de comprobar lo siguiente:
- Que usted ha sido maltratada o ha sufrido abuso emocional, físico, verbal, económico o sexual por parte de su esposo, quien es residente o ciudadano de los Estados Unidos.
- Que usted se casó con buenas intenciones y no únicamente para obtener la residencia o ciudadanía.
- Que usted vivió con su esposo en los Estados

Unidos aproximadamente por dos años o más.
• Debe estar casada cuando usted haga la petición pero no es necesario que usted viva con su pareja.
• Debe poder comprobar que usted y sus hijos corren peligro si son deportados a su país de origen.
• Usted no debe haber sido convicto por antecedentes criminales.

IV. Otros casos

¿Qué pasa con los casos de menores de edad, pedidos por un padre residente legal, si cumplen 21 años antes de recibir la residencia permanente por parte del BCIS?

En agosto del 2002 la ley que afecta estos casos cambió. Ahora la edad se determina restándole a la edad actual de su hijo(a) el tiempo que la I-130 estaba pendiente, es decir, el tiempo entre la fecha en que sometió la petición y la fecha en que la aprobaron (la fecha de prioridad). Por ejemplo, si su hijo tiene 22 y el I-130 se sometió cuando tenia 16 años y fue aprobado 18 meses después, puede restar 18 meses a los 22 años. O sea, su hijo tendria 20 1/2, y podría todavia beneficiarse de la petición como "menor de edad". Para los cálculos cuentan meses y años.

Mi hijo es ciudadano mayor de 21 años. Él me va a pedir como familiar inmediato. Mi marido murió y estoy casada de nuevo. Tenemos una hija de 5 años. ¿Serían también mi marido y mi hija elegibles como 'familiares acompañantes'?

Este caso toca uno de los aspectos más complicados de la Ley de Inmigración que tiene a ver con la diferencia entre familiares inmediatos (no sujetos a cuotas) y familiares de preferencia (sujetos a cuotas). Como madre, usted es considerada como familiar inmediato y no hay periodo de espera por su *Green Card*, pero familiares inmediatos no tienen derecho a llevar consigo 'familiares acompañantes'.

Los 'familiares acompañantes' sólo pueden ser incluidos en las peticiones para familiares de 'preferencia'.

La situación de su marido depende de la edad que tenía su hijo ciudadano cuando se casaron. Si se casaron antes de que su hijo cumpliera 18 años, no hay problema —su marido es considerado como 'padrastro' y califica como pariente inmediato. Su hijo puede peticionar por él también. Note que las peticiones para familiares inmediatos siempre son individuales.

Ahora, si su hijo ya tenía 18 cuando se casaron, su marido ya no califica como padrastro. Usted va a tener que esperar hasta recibir su propia *Green Card* y luego pedir a su marido bajo la segunda preferencia (cónyuge de residente legal).

El caso de su hija también presenta complicaciones. Su hijo puede pedirla como hermana en la cuarta preferencia (hermanos de ciudadanos con más de 21 años), pero la espera es larga, especialmente para mexicanos, a causa de las cuotas que existen para cada país. La otra opción es que usted la pida cuando reciba su *Green Card*. Así ella pasa a la segunda preferencia como su marido.

Mi padre es ciudadano y me quiere pedir. Yo soy soltera menor de 21 años y tengo un hijo. ¿Cuál es la mejor opción para nosotros?

Como hija de ciudadano, su padre puede pedirla a usted como familiar inmediato. El inconveniente es que, como en el ejemplo anterior, familiares inmediatos no tienen derecho a familiares acompañantes, lo que significa que su hijo no sería elegible. Tendría que esperar su propia *Green Card* y despues pedir a su hijo bajo la segunda preferencia.

La otra opción es que su padre la pida en la categoria de primera preferencia (personas solteras, de cualquier edad, que tienen por lo menos un padre ciudadano) y así su hijo tambien sería elegible como familiar acompañante.

La mejor opción depende de qué tan larga está la lista de espera por primera preferencia para su país de origen. En este caso, un abogado puede darles el mejor consejo. También puede revisar el *Visa Bulletin*, en el sitio del BCIS y al final de éste capítulo.

Soy una residente permanente legal y acabo de dar a luz mientras estaba en México. ¿Cómo puedo obtener un documento de viaje para regresar a mi hijo conmigo?
Puede obtener una carta de abordaje de la Embajada

Americana que le permitirá regresar por avión a los Estados Unidos. Para este fin deberá presentar:
• Comprobante de su última salida de los Estados Unidos o su entrada a México.
• Comprobantes médicos de cuidado prenatal en los Estados Unidos.
• Expediente del hospital del nacimiento de su bebé.
• Un pasaporte válido a nombre de su bebé.
• Acta de nacimiento de su bebé.
• Su *Green Card*.

C. PATROCINIO POR EMPLEO Y OTRAS OPCIONES
¿Cuál es el patrocinio por empleo?
Personas que no son ciudadanas de los Estados Unidos pueden obtener la *Green Card* basados en su empleo o credenciales profesionales en varias situaciones. Este proceso comienza con la forma I-140.

Empleados multinacionales
Empleados de gerencia y ejecutivos de compañías multinacionales que han estado empleados por lo

menos de uno a tres años durante los últimos tres en su compañía, también califican para la expedición de la *Green Card* o tarjeta de residencia. Obviamente, en estos casos es necesario un empleador que provea la solicitud.

Certificación de trabajo

También es posible calificar para una *Green Card* si el Departamento de Trabajo certifica que no hay trabajadores calificados disponibles para llenar un empleo particular para el cual usted y el empleador desean proveer una petición. Esto puede ser para cualquier tipo de trabajo, incluyendo trabajos no profesionales, los cuales requieren un trabajador capacitado. Este certificado del Departamento de Trabajo requiere un proceso de reclutamiento para la posición y entrevistas de aplicantes para determinar si existen trabajadores americanos calificados. Este proceso puede tomar mucho tiempo y sus resultados no son completamente seguros. Para esta petición también es necesario un empleador.

¿Existen otras opciones para obtener la residencia legal?

Sí. A continuación le presentamos las opciones:
    a) Reconocimiento Sobresaliente Extraordinario: las personas que pueden presentar documentación para comprobar que tienen reconocimiento nacional o internacional como extraordinarios en su campo, pueden solicitar sus propias peticiones de *Green Card* sin un empleador que los solicite. Los tipos de documentación que deben ser sometidos para ganar la aprobación en esta categoría incluyen:
        i) Premios importantes.
        ii) Publicaciones.
        iii) Membrecía honoraria en ciertas asociaciones.

iv) Publicaciones acerca del trabajo del aplicante hechas por otras personas.

Considerando las opciones para esta categoría, la creatividad es crucial. Hay ciertos ejemplos obvios de elegibilidad como son los medallistas de juegos olímpicos y los ganadores de premios Nobel, pero es importante no restringir la definición tradicional de artistas y atletas. Por ejemplo, personas que recientemente triunfaron en estas categorías incluyen a un contador profesional de historias africano, un actor de circo y un diseñador de joyas.

b) Personas que trabajan por el interés nacional de los Estados Unidos: aquellos con credenciales excepcionales, pero que no han sido reconocidos nacionalmente, siempre y cuando su trabajo esté dentro de una de las áreas de interés de los Estados Unidos:

I) Mejorando el cuidado de la salud.
II) Mejorando el medio ambiente en los Estados Unidos y haciendo más productivo el uso de recursos naturales.
III) Mejorando la economía de los Estados Unidos.
IV) Mejorando salarios y condiciones de trabajo para trabajadores en los Estados Unidos.
V) Mejorando la educación y los programas para niños estadounidenses y los trabajadores incapacitados.

Esta categoría ha sido exitosamente utilizada por muchas personas que trabajan en investigación médica y científica, así como profesores y gente de negocios. No es necesario el patrocinio de ningún empleador; el aplicante puede solicitarse a sí mismo. De nuevo, la creatividad es muy importante para considerar las opciones de alguien y presentar su caso como relevante a través de un argumento legal.

¿Cuál es el estatus de inversionista?

Para personas con significativos recursos financieros, existe una categoría que con frecuencia es llamada categoría de inversionista 'millonario'. La razón es que, para obtener la *Green Card* o tarjeta de residencia como inversionista, es necesario invertir entre $500,000 y $1'000,000 en industria comercial en los Estados Unidos. La inversión debe crear trabajo para 10 empleados americanos que no sean familiares del inversionista. La industria comercial en la que se invierte debe ser un nuevo negocio, la reorganización de uno existente o, de otra forma, la inversión debe incrementar la utilidad neta o el número de trabajadores del negocio en cuestión, al menos en un 40%.

D. LOTERÍA DE VISAS

¿Qué es la lotería de visas?

La lotería de *Green Card* se conoce formalmente como 'Sorteo de Visas de Diversidad para Inmigrantes' y es administrada por el Departamento de Estado de los Estados Unidos. El programa sortea un número determinado de visas a los aspirantes de ciertos países del mundo. Aunque la ley realmente exige la distribución

de 55,000 visas, el Acta de Ayuda a Nicaragua y Centroamérica (NACARA), aprobada por el Congreso en noviembre de 1997, estipula 5,000 visas cada año para el uso del programa NACARA. Por lo tanto, hay solamente 50.000 visas disponibles. Los ganadores de la lotería son elegidos por un sorteo al azar efectuado por el Departamento de Estado de los Estados Unidos.

¿Cuáles son los requisitos para aplicar al sorteo de Green Card?

Para poder tomar parte en el sorteo, el aspirante debe ser capaz de demostrar su ciudadanía en un país elegible y, a su vez, debe cumplir los requisitos de educación (nivel secundaria) o práctica laboral (dos años de experiencia laboral durante los últimos cinco años en una ocupación que requiera por lo menos dos años de entrenamiento o experiencia previas). La ciudadanía se determina en la mayoría de los casos por el lugar de nacimiento del aspirante.

Sin embargo, si una persona nació en un país que no es elegible para participar en el sorteo pero su esposo o esposa sí nació en un país elegible, tal persona puede reclamar el país de nacimiento del esposo o la esposa como el suyo propio. A su vez, si una persona nació en un país que no es elegible pero alguno de sus padres nació o residió en un país que sí es aceptado, dicha persona podría llegar a reclamar uno de los países de nacimiento de sus padres.

Si usted nació en cualquiera de los siguientes países **NO** puede participar en el sorteo este año:

Canadá, China (continental y Macau, con excepción de la SAR de Hong Kong y Taiwán), Colombia, República Dominicana, El Salvador, Gran Bretaña y sus territorios dependientes (excepto Irlanda del Norte), Haití, India, Jamaica, México, Paquistán, Filipinas, Corea del Sur y Vietnam.

Las fechas para la lotería de visas de 2005 serán

alrededor de octubre de 2003.

E. *ADVANCE PAROLE* (PERMISO DE VIAJE) Y SALIDAS DE LOS ESTADOS UNIDOS

¿Se puede salir de los Estados Unidos cuando uno está tramitando una visa de inmigrante?
Mientras usted no tenga su número de registro de extranjero, no puede salir y entrar al país automáticamente, y dependiendo de la visa que tenga, va a tener que pedir un *Advance Parole*. El *Advance Parole* es básicamente un permiso de viaje que le permite regresar a los Estados Unidos después de una ausencia de un año o menos. Este permiso puede darse a discreción del Director de Distrito o del Director del Centro de Servicios de su área.

¿Quiénes necesitan un **Advance Parole***?*
De acuerdo con la Ley de Inmigración, necesitan un permiso de viaje:
- Quienes hayan presentado al BCIS un ajuste de estatus a residente permanente y no tengan una respuesta definitiva.
- Quienes hayan sido admitidos en los Estados Unidos como refugiados o se les haya otorgado asilo político.
- Quienes reciban beneficios bajo el Programa de Unidad Familiar (*Family Unity Program*).
- Quienes se encuentren protegidos o amparados por un TPS (*Temporary Protection Status*).
- Quienes tengan pendiente una solicitud de asilo político.
- Quienes demuestren ante el BCIS que su necesidad de salir es una razón de emergencia o motivo de vida o muerte.
- Quienes necesitan viajar a los Estados Unidos temporalmente por una emergencia humanitaria.

Este permiso no puede usarse en vez de los

procedimientos legales para obtener una visa.

Note que este requerimiento no opera para las personas que aplicaron para ajustar su estatus a uno de residente permanente y mantienen un estatus de H-1 (permiso de trabajo temporal) o L-1 (transferencias entre compañías) y sus dependientes.

¿Cómo puedo obtener un Advance Parole?

Para tramitar el *Advance Parole*, debe solicitar y llenar el formulario I-131 (*Application for a Travel Document*), además de adjuntar las fotografías señaladas en el dorso del documento y el pago de la cuota fijada por el BCIS. Para obtener un formulario I-131 puede llamar al 800-870-5283 o consultar el sitio de internet www.bcis.gov para bajarlo.

Si usted tiene dudas de si va a poder ingresar nuevamente a los Estados Unidos, puede llamar al Centro Nacional del Servicio al Cliente del BCIS para mayor información: 800-375-5283.

¿Qué pasa si salgo de los Estados Unidos y no tengo un Advance Parole cuando lo necesitaba?

Si usted sale del país sin aplicar por el *Advance Parole*, usted renuncia a su aplicación con el BCIS y no le será permitido regresar a los Estados Unidos. Perderá todos sus derechos y probablemente lo regresarán a su país.

El BCIS dice que "aquellas personas que hayan permanecido ilegalmente por más de 180 días y que salgan del país, deben tomar en cuenta las consecuencias de su salida, ya que se les puede aplicar la Ley del Castigo". Esta ley castiga a los inmigrantes indocumentados con una prohibición de hasta 10 años para su reingreso.

El BCIS señala además que "a menos que el inmigrante tramite un 'Permiso de Viaje' (*Advance Parole*), el castigo impedirá que pueda ajustar su estatus al de residente legal permanente por el tiempo que especifica la ley".

¿Puedo salir de los Estados Unidos si soy residente legal?

Usted puede salir y estar ausente por un máximo de un año y todavía ser re-admitido en los Estados Unidos usando su *Green Card*. Sin embargo si existe alguna indicación de que usted ha estado viviendo y trabajando en el extranjero esto puede ser considerado como abandono de su residencia.

¿Qué pasa si quiero salir por más de un año?

Debe solicitar al servicio de inmigración, 45 días antes de su partida, un permiso de retorno para poder ser re-admitido en los Estados Unidos.

Al regresar le harán una inspección rutinaria y deberá ser encontrado elegible para su re-admisión como residente permanente, aunque usted ya se encuentre en posesión de un permiso de retorno válido.

Para solicitar el permiso de retorno, la forma que usted debe presentar al Servicio de Inmigración es la I-131.

Si usted y varios miembros de su familia piensan viajar, deben llenar una solicitud individual por cada persona.

Si usted ya tiene un permiso de retorno o un documento de viaje de refugiado, este documento deberá ser devuelto al Servicio de Inmigración, antes de que uno nuevo pueda serle emitido.

Aunque la forma I-131 puede ser presentada por correo, usted notará bajo el punto número 3 de la hoja de instrucciones que es necesario que usted presente su *Green Card* con su solicitud.

Es aceptable presentar una copia de su *Green Card*. De esta manera se evitará el riesgo de que su tarjeta se pierda o se mande por correo a un domicilio erróneo.

¡AGUAS!

De acuerdo con la Ley de Inmigración, a "las personas que salgan de los Estados Unidos después de encontrarse indocumentadas en el país por un determinado periodo de tiempo, no les será permitido su reingreso, aunque hayan obtenido un permiso de viaje o *Advance Parole*".

El BCIS indica además que "aquellos que se encuentren bajo un proceso de deportación o que permanezcan en los Estados Unidos sin un estatus legal por parte de las autoridades, no pueden tramitar un permiso de viaje o *Parole*".

¡Si no tiene que salir, no salga!

F. COMPLICACIONES

Si soy residente legal, ¿puedo ser deportado?

Sí. Los extranjeros con residencia legal, sin importar el número de años que tengan en los Estados Unidos o el hecho de que tengan cónyuges y/o hijos ciudadanos norteamericanos o residentes legales, pueden ser deportados si existe en su expediente un antecedente penal.

Si recibo beneficios del estado, ¿puede afectar mi petición para arreglar mi estado migratorio?

Sí. Tenga mucho cuidado con los beneficios que reciba. Si usted recibe beneficios de dinero, puede afectar el estado de inmigración.

Según el reglamento del BCIS de 1999, los siguientes son beneficios que usted puede recibir sin afectar su estado migratorio:

• *Medicaid* (seguro médico gratuito).
• *Children's Health Insurance Program* (programa de salud para niños).

Visas de inmigración y residencia legal

- *Food Stamps* (estampillas para comida).
- *The Special Supplemental Nutrition Program* o WIC (programa de nutrición).
- *Inmunización.*
- *Prenatal Care* (cuidado para mujeres embarazadas).
- *Testing and Treatment of Communicable Diseases* (exámenes y tratamiento de enfermedades contagiosas).
- *Emergency Disaster Relief* (ayuda por desastres naturales).
- *Nutrition Program* (programa de nutrición).
- *Housing Assistance* (asistencia para vivienda).

¿Pueden cancelar mis documentos?

Sí. Al pasar la frontera, el oficial debe determinar que su razón de entrada corresponda al documento migratorio que usted presentó. Por ejemplo, si presenta una visa de turista y tiene documentos consigo (recibo de la luz, pago de la renta) que demuestren que vive en los Estados Unidos, el oficial puede cancelar en ese momento su documento migratorio.

También es importante que, si tiene tarjeta de cruce local o visa de turista y piensa viajar más allá de 25 millas, solicite el permiso correspondiente y pague un derecho de $6. Este permiso, conocido como I-94, tiene una vigencia de seis meses con entradas múltiples. Al término de la vigencia del permiso (I-94), éste debe regresarse a las autoridades migratorias o, de lo contrario, le pueden cancelar su tarjeta de cruce local o la visa que tenga. Si permaneció por más de 72 horas o pasó más allá de las 25 millas sin el permiso correspondiente, el oficial de inmigración tiene facultades para cancelar su visa y devolverlo a México.

Si estoy ya dentro de los Estados Unidos y tengo mi Green Card, ¿me pueden cancelar los documentos?

Sí. Cuando un familiar suyo, que usted ha patrocinado,

recibe asistencia pública (*welfare*) sin ser residente legal le pueden quitar a usted sus documentos.

G. REEMPLAZO DE LA *GREEN CARD*

¿Qué debo hacer si perdí o me robaron mi Green Card *y tengo que regresar a mi casa en los Estados Unidos?*

Lo más seguro es ir al consulado más cercano con los siguientes documentos:

a) Un pasaporte válido.
b) Un acta de pérdida o robo levantada en una delegación de policía.
c) Boleto de avión (si así esta viajando).
d) Evidencia adicional de residencia física en los Estados Unidos (por ejemplo, licencia de conducir).
e) Dos fotos de tamaño pasaporte.

Si no tiene tiempo o acceso a un consulado, puede presentar los documentos directamente al aeropuerto o en el puerto terrestre de entrada. En cualquier caso, al llegar al puerto de entrada se le pedirá que pague una cuota de $75 para solicitar una nueva *Green Card*.

¡AGUAS!
Siempre tenga a la mano su número de *Green Card*. Con eso, los oficiales en la frontera lo pueden identificar.

¿Cuándo expira la Green Card *?*

Toda *Green Card* permanente (es decir no condicional por matrimonio) expira diez años después de haber sido expedida, tiempo en el que debe renovarse o, si lo prefiere, puede aplicar para la ciudadanía (**¡muy recomendable!**).

Cuando ya se ha obtenido la Green Card, *¿es necesario notificar un cambio de domicilio?*

Sí. El BCIS exige que los residentes notifiquen su cambio

de domicilio.

Es muy sencillo: sólo tiene que llenar la forma AR-11 que se puede obtener en español del BCIS. Es recommendable mandar el cambio de domicilio por correo certificado con acuse de recibo (*return receipt*) y guardar una copia del formulario para tener una prueba de que el documento efectivamente se mandó.

¿Existe alguna razón para solicitar el reemplazo de mi Green Card*?*

Sí. Las razones más comunes para solicitar el reemplazo de una *Green Card* son las siguientes:

    a) La tarjeta original ha sido perdida, destruida, mutilada o robada.

    b) La persona se ha casado, divorciado o, por cualquier otra razon, se ha cambiado de nombre.

    c) La persona ha cumplido los catorce años de edad y, por requisito legal, tiene que registrarse (le tomaran su huellas digitales y se le dará una nueva tarjeta).

    d) Recibió una tarjeta con información incorrecta.

    e) La tarjeta de residencia nunca fue recibida por correo.

Para solicitar el reemplazo de su *Green Card*, debe completar la forma I-90, y presentarla en la oficina de inmigración más cercana a su residencia, acompañada de todos los documentos y fotografías requeridas. También a partir del 29 de mayo el BCIS inauguró el sistema *e-filing*, que permite a los inmigrantes solicitar, vía internet, el Permiso de Trabajo y renovar la *Green Card*.

Si me caso o me divorcio, ¿es necesario cambiar mi nombre en la tarjeta de residencia?

No existe ningun requisito legal si no ha cambiado su nombre legal.

¿Y AHORA QUÉ...?

¿Qué pasa si no me llega mi Green Card *en el correo después del tiempo que me dijeron?*

No se preocupe. Si usted no se ha cambiado de dirección y está seguro que el domicilio que tiene el BCIS es el correcto, debe esperar por lo menos 5 semanas más de lo que le dijeron. Si ya pasaron esas 5 semanas, pida la forma G-731, 'Indagación sobre el Estado de la Solicitud I-551 Recibo de Tarjeta de Registro de Extranjero'. No hay costo alguno para presentar la forma G-731.

¿Qué pasa si no se puede localizar ningún expediente sobre mi tarjeta de residencia?

Tendrá que presentar la forma I-90, 'Solicitud de un Residente Legal para Recibo de Tarjeta de Registro de Extranjero, forma I-551'. Cuando usted complete la forma I-90, debe llevarla en persona a la oficina de inmigración que tiene jurisdicción sobre su área de residencia.

¿Hay manera de checar el estado de mi caso?

Puede revisarlo en internet o por teléfono. La dirección en internet es:
https://egov.immigration.gov/graphics/cris/jsps/index.jsp?textFlag=N
Ya en el sitio, tiene que ingresar el número de recibo de la solicitud correspondiente. Este número de 13 carácteres se encuentra en las notificaciones de solicitudes que haya recibido del BCIS.

Los arranques ("-") deben ser omitidos cuando ingrese el número de recibo. Otros caracteres, en cambio, incluyendo asteriscos ("*"), sí deben ser incluidos si están listados en su notificación como parte del número de recibo.

WAC es el código para *California Service Center*.

También puede llamar al *California Service Center* al 949-831-8427, aunque generalmente está ocupado.

Si he presentado una solicitud pero no he recibido un número de recibo, ¿qué debo hacer?
Tiene que esperar hasta que el número de recibo llegue del BCIS por correo. Si tiene preguntas sobre su número de recibo de solicitud, favor de llamar al Centro Nacional de Servicio al Cliente (NCSC) al 800-375-5283.

Si estoy recibiendo tratamiento médico, ¿me pueden renovar mi Green Card?
A usted no le pueden quitar su residencia si lleva más de 5 años con ella. No hay necesidad de preocuparse ya que, aunque no le haya llegado su nueva tarjeta, usted sigue legalmente en el país y puede recurrir al servicio médico del estado.

¿Existe alguna diferencia en tiempo al meter los papeles para obtener la residencia en el extranjero o meterlos en los Estados Unidos?
No. Lamentablemente, la espera se ha vuelto cada vez más larga en ambas partes. Aun los casos de primera preferencia (padres a hijos menores de 21 años, hijos a padres) pueden tomar hasta 10 años en aprobarse.

En esta tabla encontrará las fechas de prioridad para las visas preferenciales en las que el Depto. del Estado estuvo trabajando el 15 de junio del 2003:

	En general	Para México
1era preferencia	15 de dic. '99	15 de mayo '94
2a preferencia	15 de mayo '98	15 de dic. '95
2b preferencia	1 de dic. '94	15 de nov. '91
3era preferencia	15 de abril '97	8 de marzo '93
4ta preferencia	15 de ago. '91	15 de ago. '91

5.
Ciudadanía

NOS CUENTA LUPE:
"Llegué hace 23 años al país, pude obtener mi residencia legal por medio de la amnistía de 1982. Nunca había pensado en volverme ciudadana, sobre todo porque pensaba que era muy difícil. Yo no sabía hablar inglés y mucho menos escribirlo. Mis hijos y mis amigos siempre me decían que me hiciera ciudadana. A mí me daba miedo. Hacía muchos años me había cachado la policía ayudando a una amiga a entrar al país ilegalmente y tenía miedo que me rechazaran y que, peor de todo, me deportaran y tuviera que dejar a toda mi familia aquí.

"Por fin me convencieron y fui con una abogada muy amable. Ellos me ayudaron a prepararme para el inglés y después de hacer ciertas encuestas al INS, no había récord alguno de lo que yo había hecho con mi amiga.

"La abogada me dió las preguntas que le hacen a uno en la entrevista y después de seis meses me las aprendí todas. También me metí a clases de inglés en las noches. Después de seis meses llegó el día de mi entrevista.

"Estaba muy nerviosa pero ¡pasé a la primera! Todos me celebraron mucho y ahora ya pedí a mis padres para que se vengan a vivir conmigo.

"¡El que quiere puede!"

A. REQUISITOS

¿Cuáles son los requisistos para aplicar para la ciudadanía?

Para solicitar la ciudadanía, debe completar el formulario de solicitud N-400.

Usted puede solicitar la ciudadanía si:

• Ha sido un residente permanente legal durante los últimos 5 años.

• Ha sido un residente permanente legal durante los últimos 3 años, ha estado casado con un ciudadano de los Estados Unidos durante esos 3 años y continúa casado con ese ciudadano estadounidense.

• Es un residente permanente legal y sus padres son ciudadanos estadounidenses.

• Tiene un historial de servicio militar que lo califica para volverse ciudadano.

• Niños menores de 18 años pueden volverse ciudadanos automáticamente cuando sus padres se hacen ciudadanos.

¿Por qué razones me pueden rechazar?
Cualquier solicitud que no sea firmada o que no esté acompañada por la suma correcta será rechazada con una nota indicando que la solicitud es deficiente. Usted puede corregir la deficiencia y entregar la solicitud de nuevo.

También es posible que le soliciten más información específica o los documentos originales cuyas copias entregó. Si es así, los orginales le serán devueltos cuando el BCIS termine de utilizarlos.

B. PASOS A SEGUIR
¿Cuáles son los pasos a seguir?
Huellas Digitales: Si usted tiene entre 14 y 75 años de edad, debe entregar con su solicitud sus huellas digitales. Antiguamente era posible acudir a una oficina del *Sheriff* para tomarselas, hoy en día solo el BCIS tiene la autoridad para hacerlo. Debe presentar el formulario FD-258 al BCIS y ellos le llamaran para concederle una cita para tomar sus huellas digitales en el centro de servicio del BCIS más cercano. El costo es de $50.

Solicitudes para niños:
- Si la solicitud de ciudadanía está siendo completada para un niño residente permanente hijo de ciudadanos estadounidenses, también deben entregarse copias del certificado de nacimiento del niño, el acta de matrimonio de los padres y evidencia de la ciudadanía de los padres.
- Si los padres están divorciados, también debe entregarse, con su solicitud, el acta de divorcio y evidencia de que el padre ciudadano estadounidense es el que tiene custodia del niño.
- Si la solicitud está siendo completada por un menor de 18 años, el padre o guardián debe firmar la solicitud.
- Como hemos dicho anteriormente, los niños menores de 18 años pueden volverse ciudadanos

automáticamente cuando sus padres se hacen ciudadanos.

Otros documentos que debe incluir con la solicitud:
- Una fotocopia de su *Green Card*.
- Dos fotos a color tomadas durante los últimos 30 días. Con un lápiz, escriba su nombre y número de *Green Card* (si la tiene) detrás de cada foto. Usted puede ser exonerado de este requisito si demuestra que no puede tomárselas por razones de edad o enfermedad.

Donde entregar la solicitud:
Los residentes de California deben enviar la solicitud N-400 a:

U.S. Department of Homeland Security
Bureau of Citizenship and Immigration Services
California Service Center
Attention N-400 Unit
P.O. Box 10400
Laguna Niguel, CA 92607-0400

C. COSTOS
¿Cuáles son los costos?
Su solicitud debe estar acompañada por un cheque dirigido al BCIS o un giro postal (*money order*) por el valor de $260.

¡AGUAS!
Los cheques sin fondos invalidarán la solicitud y tendrán como consecuencia una multa de $5.

¿Cuánto tiempo dura comúnmente la espera para obtener la ciudadanía?
Si usted ha sido residente por más de 5 años (3 años si está casado con un ciudadano)

y mandó su formulario lleno y el pago correspondiente, generalmente la cita para las huellas se demora de 2 a 3 meses. Después de esa cita toma de unos 7 a 10 meses para obtener la entrevista para el examen.

D. LA ENTREVISTA

Ya que entregué mi solicitud, ¿es obligatoria la entrevista?
Sí. Tiene que presentarse en una oficina del BCIS para ser entrevistado bajo juramento.

¿Qué puedo esperar en la entrevista?
Si usted es un adulto, debe demostrar que conoce y entiende la historia, los principios y el sistema de gobierno de los Estados Unidos. Este examen se hace a través de un cuestionario.

También le examinarán su habilidad para leer, escribir y hablar inglés. Sin embargo, si el día de su examen usted tiene más de 50 años y ha sido un residente permanente legal por 20 años o más o si usted tiene 55 años y ha sido un residente permanente legal por 15 años o más, no necesitará tomar el examen de inglés. Además, también podrá hacer toda la entrevista en el idioma que elija.

Si usted tiene más de 65 años y ha sido residente permanente legal por 20 años o más, puede solicitar que el examen de historia sea de solamente 25 preguntas.

Nota: usted puede calificar para una exención al examen por razones médicas o si tiene una invalidez física o mental. También, si está confinado a la casa, puede pedir una visita de casa para la entrevista. Por favor, consulte con un profesional de inmigración para más detalles.

¿Cómo me puedo preparar para el examen de ciudadanía?
Se pueden obtener las preguntas que generalmente hace el entrevistador en la página del BCIS en internet o en cualquier oficina de servicio de inmigración. Es

necesario también que estudie inglés, ya que le aplicarán un examen oral y escrito del idioma. El sitio de internet www.univision.com le ofrece varias de las preguntas que

le hacen en el examen y puede tomar una prueba para ver como van sus conocimientos. También hay varios sitios en su ciudad que ofrecen clases gratuitas de preparación. Le presentamos un listado al final del libro.

¿Cuántas oportunidades tengo para pasar la prueba de ciudadanía?

Una solicitud de ciudadanía le da derecho a dos oportunidades para pasar el examen. Después de esas dos oportunidades, si no ha podido obtener la ciudadanía, puede volver a llenar su solicitud, pagar el costo de la solicitud y volver a tomar la prueba. Esto lo puede hacer cuantas veces sea necesario hasta que obtenga su ciudadanía.

E. FUERZAS ARMADAS
¿Necesito declarar algo a las Fuerzas Armadas?

- Si alguna vez ha servido en las Fuerzas Armadas de los Estados Unidos, debe completar e incluir con su solicitud el formulario G-325B.
- Los hombres nacidos después de 1960 y que estuvieron en los Estados Unidos entre las edades de 18 y 26 años, deben registrarse con el *Selective Service* (las Fuerzas Armadas de los Estados Unidos). Esto debe hacerse aun si ahora usted tiene más de 26 años. Se puede registrar en cualquier oficina postal (*Post Office*).

Recuerde que es posible solicitar la ciudadanía en base a su servicio en las Fuerzas Armadas de los Estados Unidos. Por favor, consulte con un abogado de inmigración para más detalles. Si su solicitud de ciudadanía está basada en este servicio, debe incluir con su solicitud el formulario N-426 ('Solicitud de Certificación de Servicio Militar o Naval').

Existe una iniciativa de ley en el Congreso que acelerará y facilitará el proceso para obtener la ciudadanía a residentes permanentes legales que sirven en las fuerzas armadas asi como a su familia inmediata.

F. ANTECEDENTES PENALES
Soy residente legal con antecedentes penales. ¿Puedo ser deportado al solicitar la ciudadanía?
Si es pósible. Sin embargo, sin conocer los detalles completos de cada caso es casi imposible dar una respuesta concreta. En estos casos los servicios de un abogado que conoce las consecuencias de sus antecedentes es indispensable. La abogada Claire Espina, especialista en defensa criminal y con amplia experiencia en defensa de deportación, explica un poco la manera en la que el BCIS procesa estos casos:

"El BCIS tiene amplia discreción sobre lo que llama 'carácter moral' de un solicitante. Inclusive el hecho de ser arrestado, sin ser convicto, puede ser considerado prueba de 'caracter moral deficiente' dependiendo del oficial que evalue su caso, y por lo tanto, razón para negarle la ciudadanía o hasta para deportarlo."

Los crimenes son divididos en dos clases generales: los de intento específico —por ejemplo robo— y los de intento general —por ejemplo un accidente de tránsito, o conducir bajo la influencia del alcohol— (las siglas en inglés son *DUI*). La primera categoría tiene más peso en relación al 'carácter moral'. Sin embargo, si usted tiene ya varias infracciones de tránsito o *DUI* graves, es posible que un oficial del BCIS evalúe la repetición como indicación de 'carácter moral deficiente' y recomiende su remoción.

El haber cometido un crimen mayor (*felony*) automáticamente lo descalifica para la naturalización. Si ha cometido algún crimen, debe incluir con su solicitud la decisión/disposición de la corte (*court disposition*).

¿Existe alguna manera de obtener mi ciudadanía si soy residente legal pero he cometido un crimen?
Sí es posible, pero necesita de un abogado que lo ayude a presentar su caso ante el BCIS. El abogado necesita ver sus records y evaluar si es posible solicitar por una recalificación de su crimen en una categoría menor que no merezca deportación.

G. OTROS DATOS

¿Me van a pedir mis comprobantes de pago de impuestos?
Sí. En la entrevista le pedirán que demuestre que ha pagado sus impuestos. Tal vez le pidan que muestre copias de sus declaraciones de los últimos 5 años. Si usted no ha declarado impuestos porque no ha tenido ingresos, debe obtener del *Internal Revenue Service* el formulario I-722 por los años durante los cuales no declaró impuestos.

¿Cuáles son mis derechos como ciudadano?
La ciudadanía, así como la *Green Card*, le da el derecho de vivir y trabajar legal y permanentemente en los Estados Unidos, así como de entrar y salir del país libremente. Con la ciudadanía usted también recibe derechos de salud, educación y otros beneficios, además de poder patrocinar a sus parientes para que ellos puedan obtener su residencia permanente. La ciudadanía también le da derecho a votar en todas las elecciones. Lo más importante es que, una vez que usted se vuelve ciudadano, no lo pueden deportar y no le pueden quitar la ciudadanía.

¿Acepta los Estados Unidos que me quede con mi ciudadanía anterior?

Sí. Los Estados Unidos acepta dualidad ciudadana. Por ejemplo, usted puede ser mexicano y americano a la vez.

6.
Buscando abogados

Nos cuenta Manuela:
"Estaba trabajando en los Estados Unidos con una visa H-1B. Mi novio y yo nos queríamos casar. Él también tenía una visa H-1B. Él tuvo que dejar de trabajar para cuidar a su hermano que estaba muy mal. Por eso, su visa expiró y se encontró fuera de estatus.

"Como nos queríamos casar en Ecuador, nuestro país de origen, teníamos que regularizar su situación.

"Yo llamé a una agencia de 'consultores de immigración' que encontré en internet. Hablé con una señora que me prometió que podría arreglar una visa H-1B para mi marido en dos semanas y, además, encontrar un trabajo para él. Él tiene su diploma en Ciencias de Computación. Para estos servicios pagamos un anticipo de $20,000.

"Al principio de todo esto, estábamos convencidos de que la mujer con quien tratamos era una abogada. Sólo después supimos que no lo era. La primera cosa que ella propuso a mi novio fue una oferta de trabajo de un empleador en Las Vegas. Mi novio no quiso firmar los documentos porque sabía que la oferta no existía en realidad y firmar el contrato sería un delito. Si lo hubieran descubierto, lo habrían deportado y estaría sujeto a la Ley del Castigo. Después, ella nos mando una aplicación para un visa de estudiante para una escuela coreana de Biblia. Otra vez nos negamos a firmar esa falsedad.

"En este punto recurrimos a un abogado que nos recomendó un amigo. Él contrató a un investigador quien descubrió que nuestra 'abogada' tenía siete direcciones de negocios, tenía todos sus bienes en el extranjero y tenía dos casos de fraude pendientes en su contra.

"Al final resultaba demasiado caro y nos iba a tomar mucho tiempo presentar una demanda. Salimos del país para casarnos y mi marido aceptó una oferta de trabajo en su campo en Canadá. Después de un tiempo, su empleador lo transfirió legalmente a los Estados Unidos.

"Fue una lección muy cara para nosotros, pero estoy contenta que no hicimos nada ilegal y que al final conseguimos lo que deseabamos —vivir y trabajar legalmente en los Estados Unidos."

¿Por qué se debe buscar la ayuda de una abogado especialista en inmigración?

Después de 20 años trabajando en asuntos de inmigración el abogado John R. Alcorn, resume los principales beneficios de tener un abogado:

- Más poder para lidiar con el gobierno.
- Aumenta la posibilidad de que el caso tenga un final positivo.

Las leyes de inmigración son complejas, sutiles y sujetas a cambios. Un abogado le evitará pérdida de tiempo y dinero, ya que él puede orientarlo de acuerdo a sus necesidades, asegurándole que el tipo de visa para la que está aplicando es la correcta. Es muy importante tener en cuenta que el sistema inmigratorio de este país no tolera engaños o estrategias que pretendan simular una intención ocultando otra, como es el caso de quienes ingresan con una visa temporal y luego pretenden permanecer indefinidamente en el país. Lamentablemente, los errores involuntarios suelen caer dentro de la misma categoría que los fraudes. Una aplicación incompleta traerá como resultado la devolución de sus papeles y hasta el rechazo de su petición.

Los abogados especializados en inmigración han estudiado en profundidad las características y pormenores de las regulaciones aplicables a cada caso, están al corriente de los cambios en la ley y saben aprovechar las ventanas de oportunidad que esto representa.

¿Siempre es necesario utilizar un abogado?

No. Para trámites sencillos, las agencias comunitarias que se especializan en casos de inmigración pueden ayudarlo a completar los formularios y a obtener la documentación necesaria (hay un listado al final de esta guía). Sin embargo, es muy importante asegurarse que la agencia comunitaria esté autorizada por el Servicio de Inmigración para brindar esos servicios. Nunca debe utilizar a un notario o a un amigo para tramitar cualquier proceso legal.

¿Puede un abogado acelerar el proceso migratorio?
La verdad es que muy pocos casos que involucran al BCIS o leyes de nacionalidad se resuelven rápidamente. Esto pasa con o sin abogado. Acelerar el proceso no es una razón suficiente para contratar a un abogado.

¿Hay alguna manera de acelerar el proceso migratorio?
El Servicio de Inmigración aplica el *Premium Processing* para tramitación de visados E-1/E-2, L-1 y H-1B.

Mediante el *Premium Processing*, cualquier empresa que quiera solicitar una visa para un empleado calificado, mediante el pago de $1,000 al Servicio de Inmigración de los Estados Unidos (adicionales al pago de solicitud de visa), puede lograr que el Servicio de Inmigración apruebe o solicite información adicional sobre la visa solicitada en sólo 15 días hábiles.

El *Premium Processing* puede solicitarse también en relación a visas que actualmente están en trámite en el Servicio de Inmigración de los Estados Unidos.

A. CONTRATANDO UN ABOGADO
¿Puede una persona saber si el abogado es competente?
Un abogado es competente cuando es eficiente, conoce sobre el tema, es profesional, se involucra y posee experiencia. Lo más recomendable es entrevistar varios antes de contratar uno. Recuerde que usted es el cliente y tiene el derecho de:

    a) Conocer sobre clientes anteriores.
    b) Averiguar si el abogado está oficialmente

certificado como un abogado especialista en inmigración.

c) Determinar cuánto tiempo el abogado ha estado practicando Ley de Inmigración.

d) Preguntar al abogado cuanta parte de su práctica está concentrada en inmigración y cuánta en otras cuestiones legales.

e) Investigar si el abogado ha sido sancionado por el estado en el que practica por incompetencia o actos no éticos.

¿Cómo me puedo asegurar que mi abogado esta licenciado para ayudarme?

Todos los abogados que practican la abogacía tienen que tener un número de identificación válido del estado (*State Bar Identification Number*). Si usted no está seguro de que su abogado tiene su número, se lo puede pedir en cualquier momento. También puede hablar al 213-765-1000 o visitar el sitio de internet www.calbar.ca.org en donde también puede verificar si tiene algún récord público de disciplina.

Tambien puede checar si es miembro de AILA (Asociación Americana de Abogados de Inmigración, 800-954-0254, www.aila.org).

¿Es aconsejable firmar contratos con el abogado?

Es necesario firmar un contrato para que el abogado pueda comenzar con su caso, pero puede firmar contratos por cada paso que vaya dando. No firme contratos por todos los procesos a la vez. Por ejemplo, si está pidiendo una visa de trabajo H1-B, se puede firmar un contrato por hacer la certificación laboral. Ya que pase la certificación, puede firmar el siguiente paso. Si el abogado no lo acepta, busque a otro. Esto es para protegerlo a usted ya que, si no sale el certificado laboral, ¿para qué pagar por el resto del proceso?

¿Cuánto cobran, más o menos, los abogados para tramitar la Green Card?

Cuando la *Green Card* se pide a través de trabajo para gerentes o ejecutivos o por habilidades extraordinarias, el costo es aproximadamente de $3,200. Esto incluye a los cónyuges e hijos del aplicante. Cuando la petición es por medio de un familiar, el costo es alrededor de $2,400. Si se están pidiendo al padre y a la madre, el costo sube a $3,200.

Cuando la *Green Card* es por medio de un certificado de trabajo, el costo es alrededor de $4,400, incluyendo cónyuge e hijos.

B. ALTERNATIVAS

La información que presentamos a continuación fue publicada por el Departamento de Asuntos del Consumidor del condado de Los Angeles

¿Qué es un 'especialista en inmigración'?

Un especialista es una persona —que no es abogado— a quien se le paga por sus servicios de asistencia en asuntos de inmigración.

¿Qué puede hacer un 'especialista en inmigración'?

Un especialista sólo puede hacer lo siguiente:

- Completar formas del gobierno, pero no aconsejar a las personas sobre las respuestas.
- Traducir las respuestas de las personas.
- Ayudar a las personas a obtener documentos relacionados con los asuntos de inmigración.
- Entregar las formas llenas al BCIS en nombre de la persona.
- Referir a las personas a un abogado o agencia que pueda darle asistencia legal en asuntos de inmigración. Un especialista en inmigración NO puede cobrarle nada por referirlo con abogados o con alguna agencia.

¿Qué NO pueden hacer los especialistas en inmigración?

Es contra la ley que un especialista:
- Le dé asesoría en algún asunto legal.
- Se anuncie como 'notario'. En los Estados Unidos un notario (*notary public*) es simplemente alguien que verifica que la firma corresponde a la persona que firmó, por medio de su identificación personal.
- Se quede con sus documentos originales por cualquier motivo.
- Le diga que puede ofrecerle favores especiales en el Departamento de Inmigración. Esto es ilegal ya que ninguna persona puede influir sobre una decisión tomada por el INS.

¡AGUAS!

Sólo un abogado puede proveer asistencia legal o lo puede representar en la corte. También es importante que sepa que un especialista de inmigración o notario no puede ayudarlo en su entrevista, mientras que un abogado sí puede.

¿Están licenciados o regulados los especialistas?

No. Los especialistas no tienen licencia ni están regulados por ninguna agencia del gobierno. Esto es porque no requieren de ningún entrenamiento legal, aunque los especialistas de inmigración deben tener un depósito de $50,000 en la Oficina de la Secretaría del Estado de California. Usted puede averiguar si el especialista tiene ese depósito, llamando a la Oficina de la Secretaría del Estado de California al teléfono 1-916-653-6814 (en inglés) o visitando su página de internet www.ss.ca.gov

¿Que puedo hacer si soy una víctima de un especialista de inmigración?

Generalmente es muy difícil que logre procesar al 'especialista' sin escrúpulos. Hay personas que son expertas en hacerse perdedizas y no va a poder seguirle la pista. Por eso es tan recomendable revisar muy bien las credenciales que una persona le está dando cuando se ofrece a ayudarlo.

También puede declararlo en el Departamento de Asuntos del Consumidor del Condado de Los Angeles. El teléfono es 800-593-8222.

7. Costos provisionales de los formularios de inmigración

Formulario	Para qué sirve	A partir de Marzo de 2003
I-17	Petición para estudiante no-inmigrante. Este formulario es generalmente realizado por el colegio o la escuela a la cual asistirá.	$230.
I-90	Para obtener una tarjeta de residencia nueva o reponerla por razón de pérdida.	$130.
I-102	Para reemplazar la tarjeta I-94 (de ingreso al país) por extravío de la original.	$100.
I-129	Petición de trabajador no-inmigrante.	$130. ó $1000. extras si pide una H-1B
I-129F	Petición de reclamo hecha por un ciudadano y constancia de fianza exigida para no-inmigrantes con visa K-1.	$110.
I-130	Solicitud de visa de inmigrante a familiares.	$130.
I-131	Solicitud de un documento de viaje.	$110.
I-140	Petición de visa de inmigrante basada en empleo, incluyendo trabajadores técnicos sin título pero con un mínimo de 2 años de experiencia laboral técnica.	$135.
I-191	Solicitud de suspensión de una orden de deportación 212 (c)	$195.

I-192	Dispensa de inadmisibilidad para no-inmigrantes.	$195.
I-193	Dispensa por falta de pasaporte o visa (*waiver*).	$195.
I-212	Permiso para solicitar ser admitido en el país después de haber sido excluido o deportado.	$195.
I-360	Autosolicitud para víctimas de violencia domestica	$130
I-485	Para solicitar ajuste de estatus como residente permanente.	$255. para personas mayores de 14 años. $160. para menores de 14 años.
I-526	Petición para inversionistas extranjeros.	$400.
I-539	Petición para cambiar o extender estatus de no-inmigrante.	$140.
I-600	Petición para reclamar a un huérfano como pariente directo. Incluye hermanas o hermanos.	$460.
I-600A	Petición para adelantar o agilizar el proceso de reclamo de un huérfano. Incluye a hermanas o hermanos.	$460.
I-601	Dispensa de inadmisibilidad por motivo de fraude o estafa por quien lo representó ante el INS durante un trámite.	$195.
I-612	Dispensa para requisito de visa J-1	$195.
I-751	Petición para eliminar condiciones sobre la residencia basada en matrimonio.	$145.
I-765	Solicitud de un permiso de empleo.	$120.
I-817	Petición de regreso voluntario bajo el Programa de Unidad Familiar.	$140.

I-829	Petición para eliminar condiciones de residencia a empresarios.	$399.
N-400	Solicitud de ciudadanía.	$260.
N-565	Certificado de ciudadanía. Declaración de intención para obtener ciudadanía.	$155.
N-600	Certificado de ciudadanía bajo las secciones 309 c* ó 341** de la Ley de Inmigración.	$185.

¿Y AHORA? GUÍA DEL INMIGRANTE

¡AGUAS!

- Asegúrese de llenar las formas cuidadosamente. Lea todas las preguntas con detenimiento, y si tiene dudas, pregunte.
- Nunca deje que su permiso o visa expire. Aplique para una extensión por lo menos 4 meses antes.
- Siempre tenga fotocopias de todos sus documentos importantes, incluyendo las formas que llene o los cheques y/o giros postales, antes de mandarlos al BCIS.
- Mantenga el original y copias de los certificados de nacimiento de sus hijos, asi como de su certificado de matrimonio.
- Envíe todo por correo certificado con acuse de recibo (*return receipt*). Esto lo va ayudar en caso de que necesite demostrar que sí envió sus documentos en la fecha necesaria y que el BCIS los recibió.
- Guarde todo lo que pueda constatar su residencia. Uno nunca sabe cuándo puede llegar la siguiente amnistía.
- Practique escribir en inglés; muchos de los que reprueban el examen de ciudadanía es por no saber escribir correctamente.
- ¡Presentar documentos falsos podría impedirle volver a entrar a los Estados Unidos por el resto de su vida!
- ¡Hágase ciudadano lo antes que pueda!
- Recuerde que la mayoría de las formas que solicita al BCIS pueden ser bajadas de internet (la lista de sitios la encontrará en el directorio, al final de esta guía).
- Nunca firme nada en blanco. Siempre revise dos veces lo que está firmando.
- Nadie puede acelerar los trámites en el BCIS. No confíe en una persona que le diga que trabaja para el BCIS y que le va a acelerar sus papeles.
- Siempre asegúrese de que su dirección aparezca en las formas que está enviando al BCIS. Si sólo el 'notario' pone su dirección, a usted no le van a llegar los documentos; sólo el notario los va a recibir y él puede 'desaparecer' o extorsionarlo por más dinero para darle sus documentos.
- El abogado que lo esté ayudando tiene que llevarlo por todo el proceso y explicarle de qué manera lo va a ayudar.

103

8. Directorio

ABOGADOS EN EL SUR DE CALIFORNIA

En San Diego:

Oficinas Legales de Edward Orendain
Contacto: Edward Oredain
110 West "C" Street, Suite 1904
San Diego, CA 92101
Tel: 619- 702-6557 Fax: 619-702-6558
AREAS DE PRÁCTICA: INMIGRACIÓN, LESIONES PERSONALES, DERECHO CIVIL.

Friestad & Giles
Contacto: Marina Field
1010 Second Ave, Suite 1820
San Diego, CA 92101
Tel: 619-232-4433 Fax: 619-232-4592
Sitio: www.friestad.com
Email: info@friestad.com
AREAS DE PRÁCTICA: INMIGRACIÓN, NEGOCIOS Y LEY DE TRANSACCIONES, SALUD, COMPENSACIONES LABORALES, LITIGACIÓN CIVIL.

Oficinas Legales de Leah W. Hurwitz
Contacto: Leah W. Hurwitz
1420 Kettner Blvd, Suite 415
San Diego, CA 92101
Tel: 619-239-7855   Fax: 619-238-5544
Sitio: www.sandiegoimmigration.com
Email: lhurw8000@aol.com
AREA DE PRÁCTICA: INMIGRACIÓN.

Mautino & Mautino
Contacto: Kathrin S. Mautino
444 West C. Street, Suite 320
San Diego, CA 92101
Tel: 619-235-9177   Fax: 619-235-4226
Sitio: www.mautino.org
Email: info@mautino.org
AREA DE PRÁCTICA: INMIGRACIÓN.

En Orange County:

Oficinas Legales de Rosemary J. Esparza
Contacto: Esther Castillo
828 N. Bristol, Suite 206
Santa Ana, CA 92703
Tel: 714-480-0757   Fax: 714-480-0758
Sitio: www.rjelawoffices.com
AREA DE PRÁCTICA: INMIGRACIÓN.

Oficinas Legales de John R. Alcorn
Contacto: John R. Alcorn
17310 Red Hill Avenue, suite 140
Irvine, CA 92614
Tel: 949-553-8529   Fax: 949-553-8550
Sitio: www.jr-alcorn.com
AREA DE PRÁCTICA: INMIGRACIÓN.

En Los Angeles:

Oficinas Legales de Edelberg & Espina
Contacto: Claire N. Espina
16633 Ventura Blvd, Suite 902
Encino, CA 91436
Tel: 818-906-0508   Fax: 818-501-6642
Email: scecnelaw@aol.com
AREAS DE PRÁCTICA: DEFENSA CRIMINAL, INCLUYENDO DESPUÉS DE LA CONVICCIÓN PARA MITIGAR LA REMOCIÓN; TODAS LAS AREAS DE ABOGACÍA CIVIL.

Oficinas Legales de Patricia Depew
Contacto: Patricia Depew
1801 Century Park East, Suite 2400
Los Angeles, CA 90067
Tel: 310-284-8494   Fax: 323-965-0688
Sitio: www.depewlaw.com
AREAS DE PRÁCTICA: INMIGRACIÓN, BANCARROTA, SEGUROS, CONTRATOS.

Rosen, Zimmerman & Barillas
Contacto: Erick E. Barillas
1910 West Sunset Blvd, Suite 850
Los Angeles, CA 90026
Tel: 213-484-4141
Sitio: www.rosenzimmerman.com
AREAS DE PRÁCTICA: INMIGRACIÓN, DEFENSA CRIMINAL, LESIONES PERSONALES, DERECHO CIVIL.

Swanson & Swanson, A.P.C.
Contacto: Steven F. Swanson
4676 Admiralty Way, Suite 632
Marina del Rey, CA 90292
Tel: 310-821-4941
Fax: 310-821-6937
Sitio: www.swanson-n-swanson.com
Email: steve@swanson-n-swanson.com
AREA DE PRÁCTICA: INMIGRACIÓN

Oficinas Legales de Boghosian & Morales
Contacto: Alex Morales
415 East Harvard Street, Suite 103
Glendale, CA 91205
Tel: 818-507-8029; 888-551-4111
Fax: 818-507-8532
Email: BoghosianMorales@sbcglobal.net
AREAS DE PRÁCTICA: INMIGRACIÓN, DEFENSA CRIMINAL, LESIONES PERSONALES
Miembro de: AILA – Asociación Americana de Abogados de Inmigración. Asociación de Abogados para la Defensa del Consumidor de Los Angeles.

Oficinas Legales de Kevin Levine
Contacto: Kevin Levine
12400 Wilshire Blvd., Suite 1240
Los Angeles, CA 90025
Tel: 310-207-8889 ó 800-95-INMIGRACION
Fax: 310-207-1355
Sitio: www.horitsu.com
Email: levine@horitsu.com
AREAS DE PRÁCTICA: INMIGRACIÓN
Miembro de: AILA – Asociación Americana de Abogados de Inmigración. Barra de Abogados del Condado de Los Angeles – sección de inmigración.

Oficinas Legales de Alan R. Diamante
Contacto: Alan R. Diamante
The Pacific Center
523 West Sixth Street, Suite 210
Los Angeles, CA 90014
Tel: 213-943-4555 Fax: 213-943-4553
Sitio: www.diamantelaw.com
AREAS DE PRÁCTICA: INMIGRACIÓN, DEFENSA CRIMINAL Y DEFENSA DE DERECHOS CIVILES
Miembro de: AILA – Asociación Americana de Abogados de Inmigración. MABA - Asociación Mexico-Americana de Abogados – presidente del comité contra la práctica ilícita de derecho.

En Ventura County:

Rosen, Zimmerman & Barillas
Contacto: Erick E. Barillas
4510 East Thousand Oaks Blvd, Suite 201
Westlake Village, CA 91362
Tel: 805-777-1615
Fax: 805-777-1612
Sitio: www.rosenzimmerman.com
Email: hsr@howardrosen.com
AREAS DE PRÁCTICA: INMIGRACIÓN, DEFENSA CRIMINAL, LESIONES PERSONALES, DERECHO CIVIL.

ABOGADOS EN EL CENTRO Y NORTE DE CALIFORNIA

En Modesto:

Oficinas Legales de Ramiro Castro
Contacto: Ramiro Castro
801 15th Street, Suite F
Modesto, CA 95354
Tel: 209-579-2208
Email: rrcastro@ix.netcom.com
AREAS DE PRÁCTICA: INMIGRACIÓN, DEFENSA DE DEPORTACIÓN
Miembro de: AILA – Asociación Americana de Abogados de Inmigración. Asociación de Abogados La Raza.

En Sacramento:

Mahoney, Nikolenko & Tomlinson
Contacto: Erica Tomlinson
1225 8th Street, Suite 450
Sacramento, CA 95814
Tel: 916-498-1695 Fax: 916-498-1696
Email: tomlinsonlaw@sbcglobal.net
AREAS DE PRÁCTICA: INMIGRACIÓN POR FAMILIA Y EMPLEO, DEFENSA DE DEPORTACIÓN, ASILO, Y CIUDADANÍA

En San Francisco/Marin:

Oficinas Legales de Ramiro Castro
Contacto: Ramiro Castro
1255 Post Street, Suite 610
San Francisco, CA 94109
Tel: 415-885-1788 Fax: 415-673-2437
Email: rrcastro@ix.netcom.com
AREAS DE PRÁCTICA: INMIGRACIÓN, DEFENSA DE DEPORTACIÓN
Miembro de: AILA – Asociación Americana de Abogados de Inmigración. Asociación de Abogados La Raza.

Oficinas Legales de Stephen Eckdish
Contacto: Stephen Eckdish
1956 Lombard Street
San Francisco, CA 94123
Tel: 415-776-1633 Fax: 415-776-1603
Sitio: www.sfatty.com
Email: seckdish@sfatty.com
AREAS DE PRÁCTICA: INMIGRACIÓN Y DEFENSA CRIMINAL: ESPECIALIZADO EN DEFENSA DE DEPORTACIÓN; MITIGACIÓN DESPUÉS DE LA CONDENA; CASOS COMPLICADOS DE AJUSTE DE ESTATUS Y NATURALIZACIÓN.
Miembro de: AILA – Asociación Americana de Abogados de Inmigración; CACJ – Abogados de California para la Justicia Criminal; ATLA - Asociación Americana de Abogados de Juicio.

Fallon, Bixby, Cheng & Lee
Contacto: Julia Day Marquez
130 Battery Street, 4th Floor
San Francisco, CA 94111
Tel: 415-781-2338   Fax: 415-781-6564
Sitio: www.fbcl-visa.com
Email: jmarquez@fbcl-visa.com
AREAS DE PRÁCTICA: INMIGRACIÓN
Miembros de: AILA – Asociación Americana de Abogados de Inmigración.

Oficinas Legales de Robert B. Jobe
Contacto: Robert B. Jobe
550 Kearny Street, Suite 150
San Francisco, CA 94108
Tel: 415-956-5513   Fax: 702-537-6572
Sitio: www.jobelaw.com
Email: jobelaw@jobelaw.com
AREAS DE PRÁCTICA: ASILO, DEFENSA DE DEPORTACIÓN
Miembros de: AILA – Asociación Americana de Abogados de Inmigración.

McVey, Mullery & Dulberg
Contacto: Sharon Dulberg y Rosy Cho
550 Montgomery Street, Suite 550
San Francisco, CA 94111
Tel: 415-781-1001   Fax: 415-781-6683
Email: office@mmdlaw.net
AREAS DE PRÁCTICA: INMIGRACIÓN POR FAMILIA Y EMPLEO, DEFENSA DE DEPORTACIÓN, ASILO
Miembros de: AILA– Asociación Americana de Abogados de Inmigración. Comité de Abogados para los Derechos Civiles.

Privitera & Nwadibia
Contacto: Rochelle A. Fortier Nwadibia
220 Sansome Street, Suite 520
San Francisco, CA 94104-2720
Tel: 415-781-5750 Fax: 415-951-0322
Sitio: www.p-nlaw.com
Email: attorney@p-nlaw.com
AREAS DE PRÁCTICA: INMIGRACIÓN Y CIUDADANÍA

Oficinas Legales de Kip Evan Steinberg
1000 Fourth Street, Suite 600
San Rafael, CA 94901
Tel: 415-453-2855 Fax: 415-456-1921
Sitio: www.steinbergimmlaw.com
Email: eric@steinberg-immigration-law.com
AREAS DE PRÁCTICA: INMIGRACIÓN
Miembro de: AILA – Asociación Americana de Abogados de Inmigración. Proyecto Nacional de Inmigración del Gremio Nacional de Abogados.

En Santa Clara County:

Cavallera Associates
Contacto: Ricardo Cavallera
48 South 7th Street, Suite 201
San Jose, CA 95112-3544
Tel: 408-289-9042 Fax: 408-289-1412
AREAS DE PRÁCTICA: INMIGRACIÓN, DEFENSA DE DEPORTACIÓN, NATURALIZACIÓN, ASILO Y AMNISTÍA
Miembro de: AILA – Asociación Americana de Abogados de Inmigración. Asociación de Abogados La Raza; Volunteers in Parole. Friends of the River (Amigos del Rio).

Oficinas Legales de Silvia Raviola
Contacto: Silvia Raviola
95 South Market Street, Suite 300
San Jose, CA 95113
Tel: 408-995-3266 Fax: 408-995-3277
Email: sraviola@ix.netcom.com
AREAS DE PRÁCTICA: INMIGRACIÓN
Miembro de: AILA – Asociación Americana de Abogados de Inmigración.

Oficinas Legales de Raul Ray
1671 The Alameda, Suite 303
San Jose, CA 95126
Tel: 408-279-5793 Fax: 408-279-5899
Sitio: www.lotteryvisas.com
Email: raylawfirm@aol.com
AREAS DE PRÁCTICA: INMIGRACIÓN, DEFENSA DE DEPORTACIÓN, RESIDENCIA, NATURALIZACIÓN
Miembro de: AILA – Asociación Americana de Abogados de Inmigración.

En Santa Cruz County:

Vilma Guerrero, Abogada
J.J. Hamlyn III, Abogado
55 River Street, Suite 240
Santa Cruz, CA 95060
Tel: 831-420-3500 y 831-460-0322
Fax: 831-420-3506
Email: vguerrero@att.net y jjhamlyn3@att.net
AREAS DE PRÁCTICA: INMIGRACIÓN, DEFENSA CRIMINAL, INCLUYENDO DESPUÉS DE LA CONDENA PARA MITIGAR LAS CONSECUENCIAS DE INMIGRACIÓN
Miembros de: AILA – Asociación Americana de Abogados de Inmigración.

Oficinas Legales de Alisa S. Thomas
Contacto: Alisa Thomas
601 Main Street, #418
Tel: 831-768-8777 Fax: 831-768-8888
Email: sraviola@ix.netcom.com
AREAS DE PRÁCTICA: DEFENSA DE DEPORTACIÓN
Miembro de: AILA – Asociación Americana de Abogados de Inmigración. Admitido al Tribunal del Districto y al Tribunal de 9◊ Circuito.

SITIOS DE INTERNET DONDE PUEDE OBTENER MÁS INFORMACIÓN:
www.bcis.gov
www.usdoj.gov
www.usembassy-mexico.gov/sinsinfo.html
www.univision.com
www.calbar.ca.gov (este sitio sirve para cerciorarse de que su abogado sea un miembro activo de la Asociación de Abogados de California)
www.maldef.org (Mexican-American Legal Defense and Education Fund. Sitio para información legal y de educación)

Asociación Americana de Abogados de Inmigración (AILA)
Tel: 800-954-0254 (puede pedir referencias de un abogado o que le recomienden uno en su área. Hay servicio en español).
Sitio: **www.aila.org**

CAL/OSHA (Occupational Security and Health Administration —Administración de Seguridad y Salud Ocupacionales)
Para realizar una queja laboral llame en su área:
Los Angeles 213-576-7451
San Diego 619-767-2280
Anahaim 714-939-0145
San Bernardino 988-383-4321
Modesto 209-576-6260
San Francisco 415-703-5210
Fresno 559-445-5302
E-mail: InfoCons@hq.dir.ca.gov
Sitio: **www.dir.ca.gov/DOSH/consultation.html**

Para reportar quejas, fraudes o abusos por parte de oficiales del BCIS o del Gobierno:
Tel: 800-869-4499

Aduana e inmigración en la frontera:
Tel: 619-662-7240

Buro de Servicios de Ciudadanía e Inmigración:
Para pedir información sobre el estado de su proceso migratorio (ya teniendo los papeles dentro del BCIS), puede llamar al Centro de Servicio al Cliente:
800-375-5283

PARA PEDIR FORMAS:

Oficinas del BCIS en el Sur de California:
Por teléfono:
800-870-3676 (oprima el 2)

Por escrito:
Los Angeles, California (LOS)
Office of the District Counsel
Buro de Servicios de Ciudadanía e Inmigración
606 South Olive Street, 8th Floor
Los Angeles, CA 90014

En persona:
BCIS Los Angeles District Office
Room 1001
300 N. Los Angeles Street
Los Angeles, CA 90012
Abierto lunes, martes, miércoles y viernes de 6 am a 3 pm; jueves de 6 am a 12 pm

San Diego, California (SND) Office of the District Counsel
Buro de Servicios de Ciudadanía e Inmigración
1261 3rd Ave.
Chula Vista, CA 91911
Tel: 619-407-3800

Por internet:
www.univision.com
www.bcis.gov

Para ayuda en el proceso de la aplicación para obtener visas puede acudir a los:

Centros de Asistencia del BCIS en el Sur de California:

Los Angeles
BCIS LOS ANGELES WILSHIRE ASC
888 Wilshire Blvd.
Los Angeles, CA 90017
Cerrado sábado y domingo
Abierto de lunes a viernes de 8 am a 4 pm

BCIS FAIRFAX ASC
5949 W. Pico Blvd.
Los Angeles, CA 90035
Cerrado domingo y lunes
Abierto de martes a sábado de 8 am a 4 pm

San Diego
BCIS SAN DIEGO ASC
2509 El Cajon Blvd.
San Diego, CA 92104
Cerrado domingo y lunes
Abierto de martes a sábado de 8 am a 4 pm

San Marcos
BCIS VISTA ASC
727 W. San Marcos Blvd.,
Suite 101, 102
San Marcos, CA 92069
Cerrado domingo y lunes
Abierto de martes a sábado de 8 am a 4 pm

Santa Ana
BCIS SANTA ANA ASC
1666 N. Main St., Suite 100 - A
Santa Ana, CA 92701
Cerrado domingo y lunes
Abierto de martes a sábado de 8 am a 4 pm

South El Monte
BCIS EL MONTE ASC
Golden Vista Plaza, 9251 Garvey Ave., Suite Q
South El Monte, CA 91733
Cerrado domingo y lunes
Abierto de martes a sábado de 8 am a 4 pm

Van Nuys
BCIS VAN NUYS ASC
14515 Hamlin Street, 2nd Floor Suite 200
Van Nuys, CA 91411
Cerrado domingo y lunes
Abierto de martes a sábado de 8 am a 4 pm

Oficinas del BCIS en el Centro y Norte de California:

Fresno Sub Office
865 Fulton Mall
Fresno, CA 93721
Abierto de lunes a viernes de 8:00 am a 2:00 pm.

Sacramento Sub Office
650 Capitol Mall
Sacramento, CA 95814
Abierto de lunes a viernes, excepto el miercoles, de 8:00 am a 1:00 pm.
Miercoles de 7:00 am a 12:00 pm.

San Francisco District Office
444 Washington Street
San Francisco, CA 94111
Abierto de lunes a viernes, excepto el miercoles,
de 7:00 am a 3:00 pm.
Miercoles de 7:00 am a 2:30 pm.

San Jose Sub Office
1887 Monterey Road
San Jose, California 95112
Abierto lunes, miercoles, viernes de
7:00 am a 3:00 pm.
Jueves de 7:00 am a 12:00 pm.

Centros de Asistencia del BCIS en el Centro y Norte de California:

BAKERSFIELD ASC
4701 Planz Road
Suite A12
Bakersfield, CA 93309
Abierto de martes a sábado de 8:00 am a 4:00 pm

FRESNO ASC
4893 E. Kings Canyon
Fresno, CA 93727
Abierto de martes a sábado de 8:00 am a 4:00 pm

MODESTO ASC
901 N. Carpenter Road
Suite 14
Modesto, CA 95351
Abierto de martes a sábado de 8:00 am a 4:00 pm

OAKLAND ASC
2040 Telegraph Avenue
Oakland, CA 94612
Abierto de martes a sábado de 8:00 am a 4:00 pm

SACRAMENTO ASC
731 K Street
Suite 100
Sacramento, CA 95814
Abierto de martes a sábado de 8:00 am a 4:00 pm

SALINAS ASC
Santa Rita Plaza
1954 N. Main Street
Salinas, CA 93906
Abierto de martes a sábado de 8:00 am a 4:00 pm

SAN FRANCISCO ASC
250 Broadway
San Francisco, CA 94111
Abierto de martes a sábado de 8:00 am a 4:00 pm

SAN JOSE ASC
122 Charcot Avenue
San Jose, CA 95131-1101
Abierto de martes a sábado de 8:00 am a 4:00 pm

OTROS SITIOS DE AYUDA EN EL SUR DE CALIFORNIA:

En Los Angeles:
Hermandad Mexicana Nacional (aquí lo pueden ayudar a aplicar para la ciudadanía y prepararlo con seminarios gratuitos).
7915 Van Nuys Blvd.
Panorama City, CA 91402
Tel: 818-989-3019

Legal Aid Foundation of Los Angeles
(Servicios legales para personas de bajos ingresos)
1102 S. Crenshaw Boulevard
Los Angeles, CA 90019
Tel: 323-801-7989
Tel: 800-399-4529

Para otras áreas del condado de Los Angeles llame:
Compton: 310-638-6194
Long Beach: 562-435-3501
Pasadena/San Gabriel/Pomona: 909-620-5547
Valle de San Fernando/Burbank/Glendale: 818-896-5211

Central American Resource Center (CARECEN)
2845 West 7th Street
Los Angeles, CA 90005
Tel: 213-385-0987

Coalition for Humane Immigrant Rights of Los Angeles (CHIRLA)
1521 Wilshire Blvd.
Los Angeles, CA 90017
Tel: 888-624-4752
Sitio: www.nilc.org/ciwc/memberschirla.htm
Email: chirla@earthlink.net
Abiertos de lunes a viernes de 9 am a 5 pm

En San Bernardino:
Catholic Charities Immigration and Refugee Services
1450 North D Street
San Bernardino, CA 92405
Tel: 909-388-1239

Librería del Pueblo, Inc./Immigration and Citizenship Project
972 North Mt. Vernon Avenue
San Bernardino, CA 92411

En San Diego:
Legal Aid Society of San Diego, Inc.
(Servicios legales para personas de bajos ingresos)
110 South Euclid Avenue
San Diego, CA 92114
Tel: 619-262-0896

Catholic Charities Diocese of San Diego
4575-A Mission George Place
San Diego, CA 92120
Tel: 619-287-9454

Catholic Charities
241 3rd Ave.
Chula Vista, CA 91910
Tel: 619-498-0722

Refugee and Immigrant Services
328 Vista Village Dr. Suite D
Vista, CA 92083
Tel: 760-631-5890

University of San Diego Immigration Law Clinic
University of San Diego
School of Law
(Consulta legal gratuita para personas de bajos recursos)
5998 Alcalá Park
San Diego, CA 92110-2492
Tel: 619-260-7470

En El Centro:
Catholic Charities
250 West Orange Avenue
El Centro, CA 92243
Tel: 760-370-3914

OTROS SITIOS DE AYUDA EN CENTRO Y NORTE DE CALIFORNIA:

En Alameda County (Oakland):
Catholic Charities of the East Bay
433 Jefferson Street
Oakland, CA 94607-3539
Tel: 510-768-3102

National Network for Immigrant and Refugee Rights
310 8th Street, Suite 303
Oakland, CA 94607
Tel: 510-465-1984
Fax: 510-465-1885
Sitio: www.nnirr.org
PUEDE OBTENER INFORMACIÓN SOBRE ORGANIZACIONES DE AYUDA.

Spanish Speaking Citizens Foundation
1470 Fruitvale Ave
Oakland, CA 94601
Tel: 510-261-7839 Fax: 510-2612968
Contacto: Maria Tello-Carty
Sitio: www.sscf.org
OFRECE PROGRAMAS DE ORIENTACIÓN SOBRE INMIGRACIÓN Y CIUDANÍA.

En Fresno:
Catholic Charities, Central Valley
149 N. Fulton Ave.
Fresno, CA 93701
Tel: 559-237-0851
Contacto: Ana C. Rodriguez
Abierto de lunes a viernes de 9 am a 4 pm

Comité No Nos Vamos
1048 "E" Street
Fresno, CA 93703
Tel: 559-497-0206 Fax: 559-497-0213
Contacto: Polo Chavez
CONSEJERIA DE INMIGRACIÓN, AYUDA EN LLENAR DOCUMENTOS

En Monterey:
Benito Juarez Migrant Headstart
425 Berdin Road
Salinas, CA 93905
Tel: 831-771-9556

The Citizenship Project – El Proyecto de Ciudadanía
931 E. Market Street
Salinas, CA 93905
Tel: 831-424-2713
Fax: 831-424-1309
Abierto de lunes a jueves de 9 am a 5pm

En Sacramento:
California Rural Legal Assistance Foundation, Inc.
2424 K Street, 1st Floor
Sacramento, CA 95814
Tel: 916-446-7901 ó 916-446-7904
DEJE SU RECADO Y ELLOS SE COMUNICAN CON USTED.

Centro Guadalupe - Catholic Social Services of Sacramento
730 South Street
Sacramento, CA 95814
Tel: 916-452-7481

En San Francisco:
Catholic Legal Immigration Network
564 Market St, Suite 416
San Francisco, CA 94104
Tel: 415-362-8677 Fax: 415-394-8696
AYUDA A NIÑOS MENORES DE 18 AÑOS DETENIDOS POR LOS SERVICIOS DE INMIGRACIÓN. DEJE SU RECADO Y ELLOS SE COMUNICAN CON USTED.

Central American Resource Center (CARECEN)
1245 Alabama Street
San Francisco, CA 94102
Tel: 415-824-2330
Abierto de lunes a viernes 9 am a 4:30 pm
Cierran en diciembre

Coalition for Immigrant Rights / Community Legal Centers
130 North B Street
San Mateo, CA 94401
Tel: 415-370-7893 ó 408- 272-3145
Contacto: David McKane
AYUDA LEGAL PARA PERSONAS DE BAJOS RECURSOS
Abierto sabado de 10 am a 6 pm, o con cita

Linea de Asistencia al Inmigrante/ Helplink
221 Main Street, Suite 300
San Francisco, CA 94105
Tel: 415-772-4444
Abierto de lunes a viernes de 8 am a 6 pm

En San Joaquin:
Catholic Charities, Stockton
1106 N. El Dorado Street
Stockton, CA 95202
Tel: 209-444-5910
Abierto de lunes a viernes de 8 am a 4pm

California Rural Legal Assistance
242 N. Sutter, # 411
Stockton, CA 95202
Tel: 209-946-0605
Abierto lunes, martes, jueves y viernes de 1 pm a 5 pm; Martes también de 9 am a 12 pm; Miercoles cerrado

En Santa Clara County:
Mexican-American Community Services Agency (MACSA)
130 N. Jackson Ave.
San Jose, CA 95116
Tel: 408-928-1122 Fax 408-928-1169
Abierto de lunes a viernes de 8:30 am a 5:30 pm

Catholic Charities Immigration Legal Services
2625 Zanker Road, Suite 200
San Jose, CA 95134-2107
Tel: 408-944-0347 ó 408-944-0691

Catholic Charities of Santa Clara County
7950 Church St
Gilroy, CA 95020
Tel: 408-842-4808
Abierto lunes de 9 am a 5 pm

En Santa Cruz:
Santa Cruz County Immigration Project (SCCIP)
406 Main Street, Room 217
Watsonville, CA 95076
Tel: 831-724-5667
AYUDA CON SOLICITUDES DE CIUDADANÍA, RESIDENCIA PERMANENTE, PERMISOS FAMILIARES, RENOVACIONES Y REEMPLAZOS DE MICAS Y PERMISOS DE TRABAJO; PREPARACIÓN PARA LA ENTREVISTA DE NATURALIZACIÓN.
Abierto de lunes a viernes de 10 am a 6 pm

En Solano County:
Catholic Social Services of Solano, Immigration Program
745 Georgia St.
Vallejo, CA 94590.
(707) 649-1615, (707) 644-8909 Ext. 214 and 206
Contacto: Teresa Alonso-Bray y Carmen Brito
Sitio: www.csssolano.org
ASISTENCIA EN LLENAR FORMAS DEL BCIS, NATURALIZACIÓN Y CON EL ACTO DE VIOLENCIA CONTRA LA MUJER (VAWA)

En Sonoma County:
Catholic Charities - Immigration and Refugee Services
2325 Montgomery Drive
Santa Rosa, CA 95401
Tel: 707-578-6000
Abierto de lunes a viernes de 9 am a 4:30 pm; juntas sobre inmigración los martes a 4:30 pm

En Yolo County:
Immigration Law Clinic, School of Law Clinical Program, UC Davis
1 Shields Avenue
Davis, CA 95616-8821
Tel: 530-752-6942
SOLO ACEPTAN CASOS DE DEFENSA DE DEPORTACIÓN
Abierto durante los semestres académicos de la universidad - de enero a abril y septiembre a diciembre. Tiene que hacer cita por telefono.

CONSULADOS EN EL SUR DE CALIFORNIA

Consulado General de México en Los Angeles
2401 West 6th Street
Los Angeles, CA 90057
Tels: 213-351-6800 al 07
E-mail: lanmex01@worldnet.att.net
Cónsul General: Martha Lara Alatorre
Sitio: http://www.consulmex-la.com
Horario de atención al público: Lunes a viernes, de 7 am a 1 pm.
El horario de oficina del consulado es de 9 am a 7 pm de lunes a viernes.

Consulado General de México en San Diego
1549 India St.
San Diego, CA 92101
Tel: 1-619-231-8414 / Fax: 1-619-231-4802
Email: mexconsd@electriciti.com
Cónsul General: Rodolfo Figueroa Aramoni
Sitio: http://www.sre.gob.mx/sandiego

Oficinas Consulares en San Bernardino
293 North "D" Street
San Bernardino CA 92401
Tel: 909-889-9836
Email: conmex@gte.net
Cónsul Titular: Carlos I. Giralt Cabrales

Oficinas Consulares en Santa Ana
828 N. Broadway
Santa Ana, CA 92701-3424
Tel: 714-835-3069
Email: stacon@pacbell.net
Cónsul Titular: Luis Miguel Ortiz Haro

CONSULADOS EN EL CENTRO Y NORTE DE CALIFORNIA

Consulado General de México en Sacramento
1010 8th Street
Sacramento, CA 95814
Tel: 916-441-3287 Fax: 916-441-3176
Para emergencias: 800-339-4471 ó 916-441-0421
Horario: Lunes a viernes de 8:00 am a 2:00 pm

Consulado General de México en San Francisco
532 Folsom Street
San Francisco, CA 94105
Tel: 415-392-5554   Fax: 415-495-3971
Horario: Lunes a viernes de 8:00 am a 1:00 pm

Consulado General de México en San Jose
540 North 1st Street
San Jose, CA 95112
Tel: 408-294-3414   Fax: 408-294-4506
Horario: Lunes a viernes de 8:00 am a 4:00 pm

Oficina Consular de México en Fresno
2409 Calle Merced
Fresno, CA 93721
Tel: 559-233-3065
Fax: 559-233-6156
Horario: Lunes a viernes de 8:00 am a 3:00 pm

Bibliografía

El Departamento del Trabajo de los Estados Unidos.

La Embajada de los Estados Unidos en México.

BCIS (*Buro de Servicios de Ciudadanía e Inmigración*).

Univision Online.

Secretaría de Relaciones Exteriores de México.

Ninguna información provista en *La guía del inmigrante* debe ser considerada como asesoramiento legal. La gran mayoría de la información provista consiste simplemente de resúmenes generales de reglas de inmigración a los Estados Unidos y NO está libre de errores o falta de actualización. *La guía del inmigrante* no asume responsabilidad, explicita o implicita, por daños directos o indirectos que resulten de información que esté incorrecta en esta guía.